创业该有的逻辑

——致大学生创业者

刘康成 著

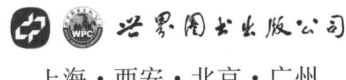

上海·西安·北京·广州

图书在版编目(CIP)数据

创业该有的逻辑：致大学生创业者/刘康成著. ——
上海：上海世界图书出版公司，2020.3
ISBN 978-7-5192-7285-2

Ⅰ.①创… Ⅱ.①刘… Ⅲ.①创业-研究 Ⅳ.
①F241.4

中国版本图书馆 CIP 数据核字（2020）第 053254 号

书　　名	创业该有的逻辑——致大学生创业者
	Chuangye Gai You de Luoji — Zhi Daxuesheng Chuangyezhe
著　　者	刘康成
责任编辑	李　晶
出版发行	上海世界图书出版公司
地　　址	上海市广中路88号9-10楼
邮　　编	200083
网　　址	http://www.wpcsh.com
经　　销	新华书店
印　　刷	上海景条印刷有限公司
开　　本	850mm×1168mm 1/32
印　　张	5.5
字　　数	130 千字
版　　次	2020 年 3 月第 1 版　2020 年 3 月第 1 次印刷
书　　号	ISBN 978-7-5192-7285-2/F·76
定　　价	35.00 元

版权所有　翻印必究
如发现印装质量问题，请与印刷厂联系
（质检科电话：021-59815621）

导　　言

　　从一句醍醐灌顶的话说起：**思想决定行为，行为决定习惯，习惯决定性格，性格决定命运。**

　　每一位真正的创业者无不是由于其思想土壤里孕育出小苗，小苗凭借着旺盛的生命力破土而出。有的或许一直是小草般娇小，但坚不可摧，很好地诠释了什么叫疾风劲草；有的或许日后长成参天大树，让世人为之瞩目，赢得广泛尊重。无论怎样，生长过程体现出的勃勃生机或许会带给我们这个世界无数的惊喜及展示出奋斗本身存在的价值和意义。之所以措辞用了好几个"或许"，是因为"或许"预示着无限可能性。一个在创业奋斗中的人，必定年轻且成熟，必定思潮翻涌，必定脚踏实地。

　　我们所处的这个时代，人心热切，充满诱惑，每一位不愿虚度光阴的年轻创业者都跃跃欲试，登上创业的舞台，确切地说是登上自己给自己定义的、自己给自己布置的舞台，一切由自己做主。创业是一种属于这个时代的生活方式，"大众创业、万众创新"的号角犹在耳畔，走出一条不同寻常的创业道路，寻找并遵循一种简洁明快的逻辑，享受到创业带来的愉悦感、成就感，是创业者的共同心声。

　　菲尔·奈特(耐克创始人)对创业者有两大忠告：

　　1. 做你真正热爱的事情，因为会经历很多黑暗的日子。

2. 记住你绝对不能失败的时候就是你做最后一次尝试的时候。

我愿以自身的一点微薄之力和对创业认知的一点浅见,为创业者点燃一盏油灯,抛砖引玉。虽然光亮有限,但能显示出一点微光也算是对黑暗的一种敬畏,给在黑暗中探索的创业者带来一丝慰藉和一种陪伴。能在黑暗中负重前行、不断探索的创业者是伟大的,且并不孤独,因为身旁还有一盏油灯……

我想说:"**创业的魅力没有人可以抵挡**。"

同时我想用下面一段话,开启本篇:

英国著名的威斯特敏斯特大教堂地下室的墓碑林中有一块墓碑上刻着这样的一段话:

当我年轻的时候,我的想象力从没有受到过限制,我梦想改变这个世界。

当我成熟以后,我发现我不能改变这个世界,我将目光缩短了些,决定只改变我的国家。

当我进入暮年后,我发现我不能改变我的国家,我的最后愿望仅仅是改变一下我的家庭。但是,这也不可能。

当我躺在床上,行将就木时,我突然意识到:如果一开始我仅仅去改变我自己,然后作为一个榜样,我可能改变我的家庭;在家人的帮助和鼓励下,我可能为国家做一些事情。

然后谁知道呢?我甚至可能改变这个世界。

目 录

导　言 ··· 1

第一章　创业者起源 ··· 1
　　创业三类人 ··· 2
　　真情告白 ··· 7
　　短文的启示 ·· 11
　　意志自由的释放 ··· 14

第二章　定义创业 ··· 17
　　何谓创业 ·· 18
　　创业思维 ·· 20
　　拥抱不确定性 ·· 27

第三章　审视创业 ··· 37
　　创业机会由何而来 ··· 38
　　以需求为中心 ·· 40
　　以技术为中心 ·· 54

第四章　创业观（一） ··· 63
　　创业是一个战略问题 ··· 64

　　　　起点 ·················· 71
　　　　三元论 ················ 76

第五章　创业观（二）·············· 91
　　　　小幅快跑 ·············· 92
　　　　杠杆效应 ·············· 95
　　　　换个角度看资源 ········ 102
　　　　既是资源也是杠杆 ······ 109

第六章　创业初期 ················ 117
　　　　业务为先 ············· 118
　　　　业务价值的实现 ········ 126
　　　　认知偏差 ············· 134
　　　　关键资源 ············· 141
　　　　关于创新 ············· 144
　　　　与创业者的对话 ········ 153

第七章　创业者语录 ·············· 159

后　记 ·························· 167
鸣　谢 ·························· 169

第一章

创业者起源

创业者从何而来?这是一个有趣的话题。纵然创业属于小众群体,但时至今日受到的关注度却与日俱增。2018年临近年末出品的国内首部创业纪实片《燃点》,一下点燃了社会的热情,无论是或不是创业者,都被该片燃到了。大家通过该片或多或少看到了创业者的由来,看到了创业者的情怀以及创业者的未来。

创业三类人

我接触到的初创者大约有如下三类人。

1. 应届毕业生。一般这个群体的创业者往往在校期间都是脑子活络、动手能力强、富有奇心、喜欢尝试新生事物的人群。他们多半有比较丰富的实习经历，甚至就读期间就利用各种校内校外的资源做点小本生意，培养自己对商业的感性认知。从最基础的做家教平台、校内复印服务到大学生兼职平台、食品O2O、校园宣传等，凡涉及大学生这一垂直人群需求的相关生意都会尝试个遍。临近毕业，由于自身已经摸到一点商业门路，也有了小团队，觉得完全可以自己开公司搞经营，无须踏上就业之路，故毕业后顺其自然当老板创业了。

2. 就业3~5年，辞职创业的。这个群体的创业者有了几年职场初体验后，发觉上班没意思、没自由，凡事需要听老板的，对外需要看供应商等的脸色，对内需要面对办公室政治，个人的自由意志受到了压抑。在无所事事或无所成就预期的反向驱动下，毅然辞职创业，为的是探寻自己的梦想。

3. 一般工作10年左右，在原来的公司已经做到中层及以上职位的元老级人物。公司老板多半比较器重他们，会给到他们更高的薪水和更广阔的职业发展机会。可是这一切外来的待遇并非他们心中所需，人到了一定的年龄和高度之后需要的是将自己历练得来的经验和资源通过自己的方式发挥更大的作用，来挖掘自身更大的潜力和体现更大的价值，干一份完全属于自己的事业。所以这类人创业的项目或行业多半是与自己就业直接相关的领域，凭借对该领域的了解和深度思考，较易上手。

这三类初创者，从年龄上看是依次递增的梯队式分布。论社会阅历、行业经验及资源等第三类群体是最为成熟和丰富的。从实际情况看,他们在创业的上手速度、耐挫折能力、成功概率等方面占有一定的优势。不过就我个人接触来看,从某种意义上来讲这三类人在创业方面都属于起步阶段,就像刚入门的小学生,会面临同样的问题和困扰,并非第三类人占有绝对的优势。正所谓初生牛犊不怕虎,第一类创业者有的是尝新的理念、试错的胆识、敢作敢当的魄力。因此,需要大家理性地看待自己,看待创业,即无需妄自菲薄,也无需骄傲自满。大家基本上处于同一起跑线,况且创业是长跑,起步的快与慢并非跑得更远更好的决定性因素。

德国先哲康德认为关于人类的哲学问题无非三个:① 我能知道什么? ② 我应当做什么? ③ 我可以希望什么? 无论对于个人还是企业,其实都逃不过这三个问题的拷问。

面对初创期,创业者遇到的关于创业企业及创业项目的共性问题,主要是关于为何创业? 如何创业,即我有什么,就创什么业;还是创业需要我做什么,我努力去做。这是一个哲学层面的问题,有些高冷。或许让天天在前方作战的创业者看了,觉得华而不实,战略性味道太过浓重。而我在实际与广大初创者接触中发现,这却是一个绕不过去的问题。正是由于上述的大问题没想清楚,或者压根不会去想,才导致创业道路的举步维艰。所谓艰难有时候是源于事情本身的难度超越了自身的预期和能力所及范围;但同时也取决于你的初心,毕竟快乐或痛苦的感受是每个人自己的一种体验,并无标准答案。很多创业者在创业路上走着走着,顿感眼前一片漆黑,不知如何往下走,这是初创者经常出现的状况,对此我深有感触。创业者的由来本质上是源于人性所产生的不同价值观,不同人对于家庭环境,对于身处的工作环境,对于朋友圈等带来的不同影响,产生不一样的认知和思考,才会选择不同的道路去走。

都说创业是九死一生,如果我说死是因为缺钱,融不到资,恐怕无人会认同我的观点,或者说我的观点过于狭隘。但是对于创业的成功创业媒体烘托出的气氛往往是谁融到了资谁就意味着成功,如果能融到几千万美金的,那更要被捧上天了。如今我遇到的创业者动不动就问:"凭我的商业计划书能融到天使轮吗?""我的项目该如何修改才可以赢得投资人的青睐?"此类问题一再出现在我耳畔。到底融资是创业的手段还是目的呢?按理来说,融资是为了满足企业发展的硬需求,是一个手段,属于战术层面的事。如果创业思维转化到以融资为导向,则不知不觉中融资已然成了战略问题。然而创业者未必发现此中变化,一切都在静悄悄地发生着。

创业到底是为了什么?

首先,创业恐怕得较之于就业而言,才有一定的意义。上述三类创业者中后两类都是有实际工作经历后才下海的,对于创业的方向感就会不同于第一类创业者了。

第一类创业者是如何走上创业之路的呢?创业是以人为中心的,就业是以环境为中心的。所以从这个角度讲,创业者确有相当一部分是天生的。这里所说的天生多半指心理学意义上的概念,即人的内在性格和内隐性知识。这些是一个人从小到大慢慢形成的。所以在应届生中有一部分的创业与就业无关,天生就是创业的料。就像唐僧去西天取经是他的本分,而孙悟空,纵然神通广大,毕竟是被安排取经的。类唐僧式的创业者自不必非得经过就业洗礼。而类孙悟空式的创业者则可能在在校期间习惯于自我主宰和当孩子王的快感,以及对就业情况的二手信息加上个人的臆想,认为就业不适合自己,然后自然而然的一毕业就创业。这些自以为"孙悟空"式的创业者能否取得真经还真不好说,毕竟没有了师傅唐僧的信念上的引领和行为上的约束,再大的本事也可能由于没用在点子上而半途而废。

第二类创业者有相当一部分由于对就业的无所事事状态不满意,又找不到在公司的位子和突破口才受到创业之风影响,认为创业或许可以摆脱身处的窘境。有经验的职场老手一般不会轻易跳槽,因为他们深深懂得如果只是因对当下工作环境的不满而选择离开,到了另一个公司就能确保不会再遇到不爽的人和事了吗?任何有人的地方都会存在共性的问题,如果为了逃避而跳槽,不是一个明智的选择。因为人在职场,困难和各种不爽将是如影随形的常态。你在这个泳池没能学会游泳,难道换一个泳池,就马上可以学会游泳了?可是身在职场中人,却会犯下"只缘身在此山中"的错误。跳槽,只有找到了一个更加适合自己发展的公司或行业,那才是正确的方向。所以第二类创业者面对自己的创业行为要注意区别于逃避,而重在真实的选择。

第三类创业者相对是比较成熟的。他们在原来的公司里已经走到了职业发展的高位,再往上的话可能与自身努力的关联度没那么大。于是突破现有的框框就需要重新定位自己,给自己找一条不同于传统的道路来实现自己新的梦想。创业之路给他们自己提供了这种可能性。有行业经验、有人脉、有社会阅历等,一切都是多年来的不经意间的积累而成,此时不用更待何时。

再回到上面的两个哲学问题:"我有什么,就创什么业;还是创业需要我做什么,我努力去做"。基本上第一(除了唐僧式创业者)类、第二类创业者是需要重新审视自己的创业动机,再来回答这个问题。因为这两类人基本上处于"我没什么"的状态,无论是自己原发性创业,还是被引领性创业,如果自己没有积累,或没有因积累而产生灵感的创业,都似空中楼阁,想想、看看都挺好,一旦实践立马发现创业和自己原来的想象差距很大。

其二,当自己没能对创业本身找到支撑点的时候,恐怕创业就有被大潮裹挟之嫌。唯融资论就是最为真实的写照。中国搞市场经济这么多年,大家都知道做商业就是以客户需求为中心,尤其随着移动互联网大行其道的发展,市场上早出现了客户主权的概念。问题随之而来,客户到底是谁呢?创业者会异口同声地答道:"是我们产品销售的对象。"真的如创业者回答的那样吗?当他们一再修改商业计划书以贴近投资人或市场资本口味的时候,早已将客户从产品购买者被偷换成了投资人或资本。资本青睐有流量、可持续盈利的项目,而这两者之间的关系其实也未必成正相关。创业者或许没时间没精力沉下心去研究买你产品的客户到底需求为何,而一味迎合资本的时候,其实就是当你正惦记钱时,钱惦记着如何迅速帮你增肥,然后卖个好价钱。至于项目是否只长个不长脑、是否只肥胖却肌肉不足等问题,恐怕超出了资本考虑的范畴,而这恰恰属于创业者需要深思熟虑的问题。且不说市场上永远是钱多好项目少,能融到资的也只是小部分项目。即便拿到钱的,为了客户流量而一路狂奔,流量做上去了,可总也没找到盈利模式的,当无法实现下一轮融资的项目依然是"巧妇难为无米之炊"的状态,多少身处如此窘境的创业者是"愁白了少年头空悲切"。资本扮演的是支持创业项目高速发展的工具的角色,是个配角。如果把创业企业比喻成一辆车,那么创业者是驾驶员,资本是副驾驶员。当一家创业企业完全以资本为导向,会严重脱离创业的初衷,偏离创业的航道,究竟驶向何方资本最终是不会给出答案的。融资是一种商业能力,但不应当成为商业的终极目标。融资只是搞定了一位投资人,能赢得千万客户赚大钱才是大本事。只有当创业者清楚地意识到资本应有的地位和作用,不为资本所累,才能认真做好自己的项目,深耕发芽。做好自己的本分,既有利于自身的事业,创造基业长青的可能性,也为资本方的资本增值带来实实在在的收益,双赢才是硬道理。

其三,选择创业的年轻人大都并非只为名和利而启程,而是为了追逐自己的梦想。曾经有一位创业者对我说:"你看我创业,天天接不完的电话,听不完的汇报,签不完的合同,催不完的款项,消耗那么多精力绝对折寿的。"我追问:"那你为何还选择并坚持创业?"他答道:"如果人没有梦想,那和咸鱼还有什么差别?"我听懂了作为一名拥有梦想的真正创业者的心声,极具典型意义和代表性。真正的创业者应当十分清楚自己需要什么,创业可以是目的,对于创业本身的钟爱,将创业作为一种生活方式。创业也可以是手段,为了创新一个行业,为了改变一个旧的行业,成为对行业历史有贡献的新人。但至少创业是发自内心的热爱。记得我上大学时,班里有同学想辍学创业,想成为比尔·盖茨式的人物。给我们上《管理学》的老师说:"比尔·盖茨在哈佛上学时就知道自己喜欢什么,该干什么了。你真的了解自己想做什么吗?"老师的话一语道破天机,那时的我对于自主选择创业有了最为粗浅的认知,懂得创业是自己选择的,不是被动选择的;是自己知道要干什么,不是别人告诉你该干什么。如果没有内心强烈的追求,只是被创业圈氛围一时的感染,或被创业神话一时的感动,毅然决然创业,多半是一种撞大运式的行为,没有任何内驱力的鼓舞,没有任何方向感的引领,结果是非常令人担忧的。

真正的创业者所表现出的通常有以下几种特征:① 性格上爱折腾。其他人吃喝玩乐,他忙着倒腾自己的事。甚至任由旁人不理解甚至取笑,他依然我行我素,享受其中。② 执念狂。乔布斯就是一个典型的执念狂,他对于商业的理解和对产品的创意独树一帜,在苹果公司内部说一不二,经常固执己见。当然商业上的持续辉煌证明了他的执念是源于对市场异于常人的洞察力。③ 充沛的精力。由于创业是艰苦当先的,工作量非常繁重,没有一个好的身体和过人的精力是应付不了创业路上的场场硬仗的。④ 使命感。这也是成熟创业者最为可贵的一种品质。创业的初衷并非只着重于商业利益,而在于解决市场上存在的问题,或创新一种产品更好地服务于大众。未来可期的事业或许会改变一个行业,甚至改变世界。

真情告白

回避就业中的不愉快,以资本偏好为导向,都不会是孕育真正创业者、造就成功创业者的土壤,而土壤是创业者自己选择的,主动权在自己手中。如今在创业之风盛行的年代,的确给有梦想有激情的年轻人提供了广阔的舞台,而舞台属于有思考和有准备的人。

一位资深就业者转型为创业者的女神在看了纪录片《寿司之神》之后，表达了自己的感怀"我想，现在这份事业我很喜欢，不是一时的，喜欢好几年了，我是打算这辈子就做这件事了。想想挺轻松，一辈子专注做好一件事，其实也不是一件很难的事。只要专注了、投入了，想一无所获、想没有成就恐怕也难！"

这位创业女神原先在日本留学并工作，深切体会到日本人做事的专注和专一，同时接触到了美妆行业及成熟的零售业。凭借她勤奋的工作态度在日企公司干得风生水起，深得日本老板的赏识，并且赋予了她更大的决策权，尤其是在对华生意方面，这在保守主义盛行的日本企业界是不多见的。都说在国外的人更容易体会到什么叫爱国主义，她不甘心一辈子为日企打工，于是坚决回国开始自主创业。在日本学习和工作期间带给她印象最深的是日本人的匠心。曾经在她住所楼下的饺子店老板是一位大娘，自家的店一开就是30多年，每一个饺子都是自己和家人亲自包的，积累了30多年的手感是不可替代的功夫。所以她家的饺子特别好吃，方圆几里的居民都会来这家店吃饺子。曾经有人建议大娘老板开连锁店，既可以扩展品牌，又可以多赚钱，可大娘婉言谢绝："我们家的饺子吃的就是手感，多开一家我们根本供应不上。我还是一辈子开好这一家吧。"这就是"匠心精神"。于是，创业女神的心思就是回国创业，只做一件自己喜欢的事，只创一个品牌。

国外的化妆品品质好，随着国内收入及消费水平的提高，在价格方面客户也逐渐能适应和承受。当时她在日本有好的渠道能从厂商直接购入化妆品，然后在国内销售。一般化妆品的成分就是甘油加入若干营养成分。而甘油的提取之处分为植物、动物和矿物。显然对人体肌肤而言，最安全最健康的也是上述依次的顺序。国外对于化妆品成分提取的管控很严格，所以让人使用起来更放心和安心。这就是她"有什么就创什么业"的起步。"有什么就创业什么业"乍一听有些消极和无奈的意味。然而创业就是植根于原先的积累，厚积才能薄发,厚积才会在曾经洗涤过你内心之后成为你的最爱。一辈子专注做好一件事,绝不是一句应景"大众创业、万众创新"的口号。起头她亲自跑一家家日本的化妆品厂商,根据国内客户的需求和国人的肌肤特征,挑选物美价廉的产品,然后托运回国,听她的介绍也是浸透着的辛苦二字,因为她真的想把好的化妆品带给国人。一家家化妆品厂商的谈判,一个个产品系列的甄别,一家家货代公司的协商,每一个环节都必须亲力亲为,都必须做到自己满意为止。货品到了国内到底以什么样的渠道和方式售卖呢？国内电商盛行,淘宝、天猫,还有好多垂直类电商品牌。但是她选择了在城市综合体租商铺开实体店的方式做。乍一听,令人感觉她又选择了一个累人、重资产的方式。这在国内似乎是不太受青睐的方式,尤其是面对资本的时候。她的理由也是铿锵有力:"我要打造中国的美妆行业零售品牌。"众所周知,优衣库、无印良品等品牌零售商在国内很有市场。我也曾听一位某高校商学院的专门研究零售行业的教授谈到过"优衣库的店面设计和物品摆放是根据人的生理感受和消费习惯而定,几乎做到了极致。"日本商家在零售业领域深耕多年,而在国内才刚刚开始专业化道路,一个初创者能干成吗？

"创业需要我做什么,我就努力去做",她就是要走一条前人没有走过的道路。看着国外零售品牌在国内大行其道,被客人津津乐道,难道我们就打造不出一家中国品牌吗？刚在产品端摸出门道,她又立即投入零售专业化的探索。什么叫专业？店面从门头的吸引、产品引起客人的兴趣,到产生购买欲望等等,一系列细小环节都构成了专业化体系的内涵。她向国外品牌认真学习,再结合她对国人消费习性的研究和了解,开始在二线城市的大型购物中心里租店布点,慢慢得当地客人认知并喜爱上了这家美妆行业的集合店,且店里的产品无一例外都是国外直接进口的正品。目前该美妆零售品牌店销售的产品来自21个国家,有200多条目的产品了。所有国外的产品都是雇佣当地的华人在当地采购,确保产品的质量和从源头采买,没有任何中间环节。

随着销量递增,仓储和物流的问题又来了。从国外采购,到跨境货代,到国内仓储,到配送至实体店,整个链条必须是无缝对接。对于一个初创企业又是一个莫大的挑战。"建系统"成为又一个里程碑式的事件。所有环节都以系统方式管理和呈现,确保快捷有序地完成商业闭环。说起来容易,做起来难,对于初创企业需要巨大的勇气和决断力。她通过不到 3 年时光啃下了这根硬骨头。目前在香港和常州都有自己的仓库,能够满足国内产品及时到店补货的需求。已经分别在上海、杭州、长沙等一、二线城市开设了好多家门店。

这些后续的动作并非她原来行业积累的产物,而是随着创业进程需要她去做的。每个人都可以有自己的选择,有些人或许面对困难,也就卖卖货,也能盈利颇丰。但她的梦想从一开始将好产品带给国人的简单想法,升华到了建立中国人自己的美妆零售品牌,要为国人争脸争气的宏愿。创业于她是一种从爱好到使命感的飞跃。

当她在融 A 轮的时候又面临了一个抉择。最终有两家投资机构愿意投资入股。其中一家开出的价码明显高出一筹,占同样的股份,还能多给 500 万。如果换作别人或许是一个非常容易做的决定,既然是融资,在同等条件下,自然是给钱越多越好。而她经过再三思量,却选择了另一家出价低的作为投资方。因为在于前一家的谈判中,对方老板说:"我给你钱多,可以帮助你更快发展提升业绩。过个五年可以高价卖出股份套现,你也可以实现财务自由。"确实也是句句在理的在商言商之词,但被她婉言谢绝道:"创业有两种,第一种是当领养的孩子培养,长大了就卖了,赚个好价钱;另外一种,是亲生的孩子,好好培养是为了其早日成才,培育本身倾注了自己毕生的心血,过程本身充满意义和成就感,如果孩子选择离开是一种必然,情感上的难以割舍则是一种永恒。"

创业女神的故事暂且说到这里,她的自我表达,让我们很清晰地看到,她的创业很明显是孕育已久的产物。对于原先自己从事的行业了如指掌,对于自己的梦想一清二楚,对于未来的前景做足准备。一辈子只做一件事,很好地回答了上述的两个哲学命题,从我有什么就做什么起步,在过程中根据创业需要我做什么,则再努力往此方向奋斗。如果她一开始只为赚钱创业,只为获得资本的认可和青睐而创业,那么当遇到困难和抉择时,就不会有那份从容和淡定了。选择一件自己所爱的事情,是创业的起点;专注做一件事是创业的要义;根据创业的需要而做动态发展变化是创业者对于梦想的执着追求。因为创业是极度变化和不确定的代名词,从不确定中去寻找机会和获得收益正是创业的魅力所在,吸引并驱动着每一位创业者不知疲倦地在创业道路上高歌猛进。

短文的启示

我曾经看到过一段名为《天使投资人打死也不投的创业黑名单》的短文。我仔细数了一下,涉及19个细分行业领域,比如垂直品类的上门服务O2O、众包物流/跑腿、上门和导流模式的汽车后服务、P2P、股票社区/配资、外卖O2O平台、校园分期、校园O2O电商、租房、应用分发等。这些领域几乎涵盖了当下时兴的、青年创业者都会尝试的移动互联网领域。其中有众包类的分享经济、有利用移动互联网实现的各类O2O,还有被人一致看好作为未来发展方向的普惠金融P2P等等。对于这些貌似会被资本婉拒或谨慎投资的细分行业,给出的理由不外乎三大类:① 行业尚未成熟,尚看不清未来和前景,投资风险较大;② 市场已经被几家巨头抢占,新进入者很难有机会;③ 几个细分领域的前三位都已经B轮了,还能轮到初创者吗?现在有很多创业者都慢慢习惯于将具有高融资成功率的细分行业作为创业的方向,因为你能融到资就意味着获得资本市场的肯定,从而证明你及项目的成功,这样的逻辑逐渐弥漫在整个创业圈内。如果一位刚上路的且具有落于窠臼思维的创业者看到了这则短文,会做何感想呢?到底是创业还是不创业?这个问题恰巧是一个考验,是一个意念上的分水岭。如果你能十分坚决地回答:"创业",说明你是一个合格的创业起跑者,你了解你是为谁而战,为何而战,如何而战。如果你开始犹豫了,说明你还没有充分做好准备,对于方向的把握和利益的取舍存在纠结之处,需要静心遐思,理清思路上的脉络。每一位创业者需要深刻自省,创业到底是实现心中愿望的途径,还是用来获得资本的工具?在现实中,我依然见到有许多年轻人在上述的领域中创业求索。否则岂不是变成只要是寻找新的创业项目,我们就很难见到上述细分行业的项目了?因为大家认为融资难的项目,就是一个大禁区了。如果你曾经在某个行业或相关行业有过丰富的积累,你便能洞悉行业中存在的机遇,发现客户的痛点和痒点。这些都是依靠时间和经验的累积,外人或投资人未必如你这般清楚洞悉的,你能看到别人看不到的商机。这就是为何我开宗明义,提出"我有什么就创什么业"的缘由。看似无奈的意味,实则道出了打有准备之仗的玄机。其实按自己的有限积累起步还有一个不被注意的要点。人的能力和资源在任何时期都是有限的,尤其和远大目标相比,因此需要我们承担与自身积累相适应的责任。否则带着有限的资源和承载能力,怀揣着无限美好的愿望,开起了"无限责任"的公司,不知不觉挑起了无限的重任。尤其当你在无所准备的状态下,扛起资本的无限重任,我想这样的折本买卖谁都不会愿意做吧。创业者要学会做资本的主人,而不是奴隶。当你真正站在资本面前时,对自己和对资本同样负起了责任。

我曾经还看到过一篇名为《他把自己估值上万亿美元的项目免费化了》的文章,并且被疯狂转发在各个朋友圈,一时成为创业圈内茶余饭后热议的一段佳话。话说萨尔曼·可汗是一位来自孟加拉国的美国移民,是一名数学天才。他在美国麻省理工学院,四年读完了数学、计算机科学,拿了两个本科学位,后来还拿了哈佛大学的工商管理硕士学位。他在给自己的小侄女纳迪亚补数学的时候,发现还有很多孩子也有这样的需求,且他授课生动形象,被教过的孩子数学成绩都有显著提高,所以求他补课的孩子络绎不绝。如果只是一个人做,怎么也忙不过来。于是为了提高教学效率和受众面,他想到了互联网。他把自己课程拍成了视频,放在网上,点击率接近5亿。他还是一名计算机极客,为了更好确保补课质量,他设计了一款软件,用于跟踪学习者的进度,还可以评估学习效果。水到渠成的他建立了自己的网站,起名"可汗学院"。我从网易公开课查阅到的资料:可汗学院(Khan Academy),是由孟加拉裔美国人萨尔曼·可汗创立的一家教育性非营利组织,主旨在于利用网络影片进行免费授课,现有关于数学、历史、金融、物理、化学、生物、天文学等科目的内容,教学影片超过2 000段,机构的使命是加快各年龄学生的学习速度。当可汗的网站火起来之后,投资机构嗅到了巨大的投资价值,于是纷至沓来找到可汗。投资人希望他成立公司,以商业形式继续在线教育的事业,通过视频收费实现公司盈利。经过投资人的测算和估值,可汗如能商业化运作,立即可以坐拥10亿市值的资产。据《福布斯》杂志估算,这是个一万亿美元的商业项目,比苹果公司的市值还要高很多。这个年轻人却拒绝了,他表示宁愿做一个中产阶级,只接受别人的捐助,也绝不收费。他说:"我就是要做免费教育,一旦收费,很多发展中国家的孩子不就看不起视频了。我想象不到我的生命中有任何一种方式,能比我现在活得更有意义。"对可汗来说,他的人生价值=他为社会创造的价值/他所获得的收入,这个比值越大,人生价值就越大。看了这则微信和查阅了一些关于可汗的资料,我被他的举动深深打动。可汗是怀着一颗执着的公益心创业,用自己的专业结合互联网的便捷性和传播性,为中低收入家庭的孩子分享源于自己的教育资源,用实效帮助了孩子们的成绩提高,赢得了良好的口碑。当事业逐渐显现市场价值并且被投资机构发现,被建议商业化时,他坚定地婉拒来自资本的橄榄枝。10亿美元的诱惑,对任何人都是莫大的吸引,我无法确定可汗面对这个数字时到底有无动心过,但他最终的抉择我不认为是他一时拍脑袋的结果,相反是他初衷的一再坚持和体现。他很清楚自己所作所为的社会价值,也了解商业化的前景(别忘了他拥有哈佛大学的 MBA 学位),但还是愿意一如既往他的非营利事业。可汗自始至终沿着给自己定下的人生价值的方向前进,没有功利性,才在外界看来不经意地获取了那么大的流量和口碑。专注做自己热爱的事,市场、客户、盈利可能性等都是花熟蒂落的事情。此时的可汗是被资本追着走,只要他点点头,便可点石成金。我无意在此捧煞可汗而号召创业者只为梦想埋头苦干,不思金钱的闷头创业。恰恰相反,我更想鼓励创业者们找到自己认为有意义的,有准备的事业,认准方向,然后埋头干,盈利只会是时间问题。

意志自由的释放

创业意味着自主和自由,是"我要做什么"驱动的产物。创业,之所以在我们这个时代成为有思想有行动力的年轻人的一种选择,是我们这个时代给予的自由环境和个人思想自由驰骋的混合体。年轻人比前辈们拥有更多的思想自由和行为自由,可以以创业的名义充分诠释自由。

关于"自由"哲学先贤康德的观点鲜明而独特:意志自由。如果我想吃一顿大餐就可以成为一家创意菜餐厅的座上宾;手中的小石块只要我轻轻松开手指就可以演绎自由落体;如果我不想干了就可以以"世界很大我想去看看"的理由辞职……类似种种都是自由吗?康德对此嗤之以鼻,那些都是俯首称臣之作,并非基于各自意志的选择。美食是受到味蕾欲望的牵制,自由落体是地球引力的作用,辞职是心烦意乱之下的无奈,请问有哪一个是自己意志的选择?只不过是受到其他方面因素的制约,屈从于某些欲望罢了。如果屈从于资本而创业、如果为了臆想中的能多赚钱而创业、如果为羡慕创业大佬的江湖威名而创业,都未必是自己真正所想。能做你喜欢的事情;能够全情投入某个行业,取得颠覆性的成就;能够让自己的行为改变人们的生活等等,这些才或许是意志自由下的创业。我曾经听一位投资人朋友饶有兴致地说:"每个城市或者区域都有它的特点。比如,到了纽约讲的是谁钱多,才不管你的钱从哪儿来的(当然是合法的);比如,到了好莱坞,比的是谁的名气大、影响力大;比如,到了硅谷,比的是谁搞出了一个足以改变世界的新玩意或创立了一个伟大的公司。"听了之后,十分耐人寻味。如果说纽约代表财富,好莱坞讲究名气,那么硅谷追求的是梦想,是一种建立在创新基础上的成就。怪不得硅谷能成为举世瞩目的新技术、新企业诞生的沃土。这样的沃土一切源于硅谷的年轻人出于自己的兴趣爱好,出于创新作为一种源动力的内在需求,一切都是他们强烈愿望之下的行为的自然流露。我以为这才是真正意义上的创新创业。

意志自由并不难区分,做自己喜欢的事情就是意志自由。曾经我和国内某名牌工科大学的一位创业者聊天。他告诉我,他们寝室的一位男生当年一直追求校园里的一位美女(工科大学女生本来就少,美女就更是稀有物种)。我们寝室里的几个兄弟都知道他追求不上,他本人也知道几乎不可能成功,但他还是像做学问似的孜孜以求、乐此不疲。真不知道这位室友图个啥?我回答道:"追求本身给你的室友带来乐趣,是一种内在动机使然,明知不可为而为之,是真正的意志自由。"这位创业者听了我的注解忍俊不禁、豁然开朗。

说到这里,希望让大家知晓,想要享受创业、想要成功创业,请给意志自由让路,唯有意志自由才能让创业成为创业者的精神福利和行为成就。

一位藏传佛教大师说过:"什么时候,当你倾力做一件事情不是为了赚钱,而是因为热爱它、喜欢它,并想用它来造福更多的人。那么,财富自然会滚滚而来,幸福更会与你如影随形。"

总 结

　　本章旨在表明作为初创者必须具备三个条件方可走上创业之路,即:① 乃意志自由所为,做自己发自内心喜欢做的事情,而非单一求名求利;② 要有所准备,对自己的创业项目要有行业的研究和资源的积累,瞅准机会,不打无准备之仗;③ 创业项目能有自己主导和主控,不能只依附于旁人,不能只依附于资本,要做好自己创业的舵手。

第二章
定义创业

在启孜峰的山脚下,有一个登山者的家,上面写着"向前走,不要停"。

何谓创业

我把创业二字拆分为二,即一个创、一个业。

创,意味着创新、创造出一种新思维、新技术、新的解决方案,且最终转化为一种产品或服务,满足客户需求给市场带来价值。这将是一个从无到有的过程,可能基于满足原来市场需求方式或技术的优化迭代,也可能是基于零起点的一种新发明,带给市场一种全新的认知和体验。总之得摆脱窠臼,突破旧有的逻辑框架,以一种空杯的心态重新审视市场、审视客户需求,创造出新的价值。且这种价值富有生命力,甚至颠覆原有行业的存在,可被赋予里程碑式的意义。只有创造出新价值,才标志着进步、进取,预示着可能获得来自市场的丰厚回报。

业,代表着一种长期的对客户、对行业、对社会具有可持续性价值的存在,且必由一种坚持、坚守、执着的信念和精神力量予以支撑,才能创造出业并守住业,否则便没有业的存在,顶多只是一桩昙花一现的小生意而已。

那么所谓的创业意识,就有这两方面的含义存在:① 突出发现、创新的价值,因为创新才是一个社会长期发展的动力源泉,才是年轻人赖以不断成长进步的途径;② 宣扬业,是基于价值创造的对于信念、理想的坚守和执着,代表着一种持之以恒的精神。当我们面对年轻人时,无论是创业者还是就业者,宣传和培养创业意识便具备了现实意义和长期价值。

对于创业意识能诠释得淋漓尽致的,也是我所钟爱和推崇的一位异国创业前辈小野二郎。他正是由美国人大卫·盖尔博(David Gelb)于 2010 年拍摄的纪录片《寿司之神》的主角。他是全球最为年长的米其林三星大厨,一生只做一件事,即为寿司而活。他在纪录片

第二章 定义创业

中有一段自述"一旦你决定好职业,你必须全心投入工作之中,你必须爱自己的工作,千万不要有怨言,你必须穷尽一生磨炼技能,这就是成功的秘诀,也是让别人敬重的关键。"他年轻时就开始寿司学徒生涯,师傅告诉他寿司在日本已经存在上百年历史,已经没有什么可创新的了。但是他对师傅的言语充耳不闻,一心认为作为厨师的最大价值就是为食客带来最美味的食物,尤其寿司是作为日本的一种具有年代感和历史感的传统食物,他更有责任为其不断推陈出新,赋予寿司新的美味和生命力。从小野二郎身上,我读到了对于不断创新的孜孜以求以及将传承日本美味视为己任的责任担当。日本的冬天非常冷,但纵使是鹅毛大雪的时候,有一个年过九旬的老人,都会一早起来,从最好的鱼贩子那里买鱼,从最好的虾贩子那里买虾,从最好的米贩子那里买米,然后拿回东京银座。在日本东京银座办公大楼地下室,却有一间并不起眼的餐厅。小小的门面,简约的装潢,只有十个座位,厕所甚至在外面。但是这家餐厅需提前一个月订位,人均消费数百美元,最低消费3万日币,吃过的人还是会感叹,"这值得用一生去等待"。小野二郎对每一个寿司,从醋米的温度,到腌鱼的时间长短,再到按摩章鱼的力度,都亲自监督。他被称为"寿司之神",一生只专注于寿司。小野二郎对于寿司的创新理解是食材的温度、米的蒸法、不同米团和不同海鲜混搭的口感、海鱼的厚薄处理等,都是可以创新之处,在他手中寿司可以形成不同的排列组合。他对于米和海鲜的独到见解赢得了供应商的信赖和认可,有的米商只给他供货,认为只有他懂米。小野二郎会以很大压力来蒸米,这种事其他厨师是不愿意做的,因此也难有竞争者的出现。他运用高压做出来的米团恰到好处,带给食客无与伦比的享受。有的水产贩子,有时候整个市场都只有3千克野生虾,全部会供给小野二郎的店,因为水产贩子认为"好的东西是有限的,只会留给最好的人手上。"再比如,为了让章鱼呈现更好的口感,不至于咬在嘴里像橡胶,他还要给章鱼做按摩,以前按摩30分钟样子,后来为了进一步提升口感将按摩时间提高到40~45分钟,这种追求极致的匠心精神,征服了全世界爱好寿司的食客,包括美国前总统奥巴马。小野二郎不仅认为对于产品的品质追求是无止境的,没人知道巅峰到底在哪儿,对于服务也是苛求之极。当他面对十位食客做寿司时,他对客人的观察远比食客对他的观察要多、要用心、要仔细。他会根据不同性别,将给到女食客的寿司略微小一些。他还会对左撇子食客提供体贴入微的服务,会将寿司放在靠近其左手边的位置,方便其取用。这就是有温度的服务,让食客感受到的是一种情意,吃的不仅仅是寿司,还有良好的心理体验。他还创新设计用餐的三部曲,犹如欣赏交响乐一般,将吃寿司分为三个乐章,以食材的口味由淡而重的次序,让食客的味蕾充分体验味觉之旅。小野二郎在业界取得了骄人成绩,因而举世景仰,但他清醒地认识到作为厨师拥有过人的味觉和嗅觉是必需的天赋和能力,必须超越食客,才能做出超越食客预期的食物。然而面对业界挚友法国名厨约尔·罗比雄(Joel Robuchon),小野二郎谦虚地认为,这位挚友的味觉和嗅觉比他更胜一筹,且不在一个层次上。这种谦逊,又一次着实令人敬佩。小野二郎是值得每一位创业者学习的典范,他将产品和服务融合发展,永无止境不断创新的创业意识和创业精神,为所有年轻创业者树立了一座高大的丰碑。可以让人仰望,即为学习;可以让人膜拜,即为信念。

创业思维

什么是创业思维?我想说的答案是:**凡事皆有可能、凡事皆有希望**。我也看到过一种更加直接,更为具象化定义:就是用商业成就一番事业的思维,是用自己的想法去支配资源,放大自己能量的思维。没有资源投入干不了,没有风险意识干不成,没有创新精神干不大,没有契约精神干不长。当然学术化、学理化的定义也还有很多,

第二章 定义创业

在此不再赘述,因为我感觉没有必要那样的"科学",因为创业是一项太过实际,对执行力要求极高的实践活动。创业者只有通过实干,才能学会巧干,通过巧干才有可能最终收获财富。从这一系列艰苦的历程中获得的感受才会形成最真实的创业思维。因人而异、千人千面,不同个性的创业者,不同行业的创业者,拥有不同资源禀赋的创业者等等都会有各自总结出的创业思维。之所以我的答案会落在"可能、希望"上,是因为在我脑海中最为印象深刻的一句话是来自新东方科技教育集团的创始人俞敏洪,他曾说过"要在绝望中寻找希望"。创业前辈的肺腑之言,足以见得创业之艰难,时常处于绝望中,但对于希望的执念支撑着每一位有毅力的创业者去寻找到希望的各种可能。当然我所认为的可能和希望必定得建立在对于创业大势的智慧和科学的判断之上。唯有战略方向对了,为了可能和希望而战的努力才会有价值。

创业者,首先得明白创业思维与就业思维的异同点。对于刚大学毕业的创业者了解了创业思维,确保从一开始就找到了一条正确的思维道路。人的执行都是受自己思维支配的,思维正确了,加上执行力才可能成功。对于工作过一段时间,辞职创业的人来讲,需要摆脱过往的就业思维,从一个打工者迅速切换到创业思维的频道上来。我见过也听过一些辞职创业的故事,有些甚至还是本行业的资深人士,由于不知不觉一直陷入在原先的就业思维泥潭里,最终难以成事。大处着眼来讲:

就业思维是在做别人出的填空题且有路可退;

创业思维是在做自己给自己布置的选择题且无路可退。

就业者,以老板给出的KPI为导向,达成KPI即可,至于用的手段是否最优、自己的工作结果对内部上下游部门是否最优、对本部门的发展是否最优等问题,未必或者也没必要去做通盘考虑,毕竟连KPI都是别人设置好的,都无须自己操心。在一家公司干好了,升职加薪继续干。干得不如意或企业遇到下行周期,可伺机跳槽,反正

"条条大路通罗马"。

创业者,入什么行业、做什么业务、招聘什么人组团队、需要什么资源、上哪儿找资源、业务干砸了如何渡难关、业务搁浅了如何转型求生等,没有一样不需要自己操心的。因为路是自己选的,所以一切都得自己扛着,没有后路可退。

上述都是最直观的现象描述,总结一下的话有这么几个质的差别:

1. 初衷不同。就业以满足自己需求为中心。通常选择公司时,个人考虑较多的因素是公司的品牌、行业、薪资等,工种是否是自己喜欢的,这段工作履历是否有利于未来跳槽。就业的初衷决定了打工者多半是"近视眼"。凡事处在"要我做"的状态中。创业考虑的是一个事业、一个公司能否先做出来,生存下来,未来是否可能做大做强,今天所做的一切是要为未来打下扎实的基础。始终处于"我要做"的状态,像打了鸡血一样亢奋。

2. 思考问题的层次不同。就业者考虑的是如何"各扫门前雪",解决好自己手头的问题,完成任务就可万事大吉。即便完不成任务,只要公司不倒,老板不裁员,照样捧着饭碗混下去,通常着眼于"当下"。创业者必须具备长远眼光,具有战略思维能力,要关注宏观经济形势和行业发展,要时刻关注市场需求变化,要时刻审视自己企业的短板并思考如何能迅速补上、要时刻盯着竞争对手的策略变化,甚至还得关注其他行业的企业,以防被跨界打劫等。为了永远站在时代的前列,创业者必须有超前意识,超强的学习能力,不断加强自身建设,不被落下甚至是做时代的引领者。通常更注重"未来"。

3. 遇事态度不同。就业者由于是"替人嫁衣裳"所以内驱力较弱,遇到困难,容易采取回避等消极的姿态。对于存在的问题,有时会不思进取,停留于事物表面,不去努力深挖问题的根源,得过且过。长此以往,会形成定式思维,缩小个人的思考边界。由于是自己的事业,创业者遇到问题则会积极寻找解决方案,会像优等生一样,并不仅仅满足于解题,而是要寻找多种方法,排摸出最优化的解题思路。创新观点、创新成就很多都是倒逼出来的。经过这样的洗礼,人往往容易培养出创新意识,不断地拓宽自己的思维边界和视野,推高认知格局。

4. 风险偏好不同。就业者是在别人创建的公司里工作,属于背靠大树好乘凉,风险系数较小。求稳定的、风险偏好较小的人多半会选择就业,毕竟朝九晚五有保障,也能较好平衡工作和生活的关系。有些从事相对轻松工作岗位的人,工作和生活是截然分开的两码事。创业者是一群鄙视稳定,喜欢变化,具有冒险精神的人。时刻处于动态变化的局面中,时时刻刻需要打起十二分的精神,应对各种突发情况和意外事件。

5. 利益原则不同。就业者是付出多少,就希望从公司获得多少回报,遵循的是对等原则。创业者是为了做成事,通常不计较自己的付出,一切以成事为导向,不会去算计一时的得失。我曾听一位原本是大公司做职业经理人,后辞职创业的朋友说:"我不在乎加班加点,没有休息日,甚至过年也与我无关。我是为了实现自己的梦想才放弃原来的一切。至于付出,为了梦想,付出再多也是心甘情愿的。我的精力不是花在这个项目上(第一个创业项目失败了),也还会找其他项目做,直到实现自己的创业梦想。"

6. 达到的人生高度不同。起点往往决定终点。就业者容易安于现状,在墨守成规中,度过自己的职业生涯。创业者在不断推陈出新、不断解决各类疑难杂症过程中极大提升自己的综合实力,容易赢得行业内人士的认可、尊重,个人面对的机遇也会更多,人生价值的体现也更广泛、更深刻、更具影响力。马云、马化腾等知名创业企业家的人生价值肯定远远高于在他们公司里打工的芸芸众生。郭广昌也曾说过:"创业者即便失败了,他的经历同样值得尊敬,因为他们努力过,这些经历都是财富。毕竟创业成功的是少数。如果经历了一次失败,二次创业成功了,那他就更值得我们去尊敬。"

对于就业思维与创业思维的异同总结，不同的人也许存在不同的观点，总结只是手段，目的在于让创业者了解之后，迅速走上正确思维的快车道，摆脱患得患失的算计，一路向前。

思维指导实践，创业恰恰具备了特别强的实践性特征。 创业做项目赚钱不是什么都搞懂了才去做，而是你去执行了赚了钱，你才懂得了什么才叫创业。实践为先才谈得上希望，否则就成了梦想天天有，就是不动手。早在2007年11月全球创业周中国站上海大学生创业周开幕式上复星集团的创始人、董事长郭广昌先生做了一次发言，他说道："作为创业者，更多的时间和精力要花在体会市场需求上，更多的与团队沟通上，更多的独立思考上。如果很多时间都花在看上去很有道理的学习上，不见得非常有用。任何创业都不可能去复制别人的东西，所以必须独自面对困难，面对死亡，面对孤独……未来的美好是要你一步步走出来的。"在后来举行的沙龙交流会上，当郭广昌先生面对学生提问"创业如何才能走向成功？创业者必备的素质？"等一系列问题的时候，他斩钉截铁地说："如果真的要创业，不用去想那么多理论问题，而应该先去实践，从实践中体会、去学习。"可见郭广昌是十分重视和强调实践对于创业的重要性的。因为创业就是通过实践去不断试错，去探寻哪种市场需求是真实存在的，哪种商业手段是行之有效的，哪类资源是可以支撑我这个项目的，哪几个人组成的团队是具有狼性战斗力的……把这些基础性问题搞清楚了，才算是找到了一个真实存在的创业项目和筛选出与之相匹配的创业团队。而创业不就是人与事匹配的实践活动吗？由于创业是摸索型的，这与打工就业截然不同，很多创业项目又包含着创新之意，新的东西是否符合市场需求，假定的商业模式是否可执行等都需要靠实践去验证。有时候看到市场上雷同的创业项目取得了小突破，有些创业者就想弯道超车抄近路，但是成功是不可复制的，别人行，未必你就行。或许团队基因不同、认知不同、商业逻辑不同、执行力不同、资源禀赋不同等等，很多创业者感知得到的，考虑不到的诸多因素都会影响成功,都会作为成功的必要条件而存在。作为创始人,你是独特的,作为以你为中心的创始团队也是独特的,所以实践是帮助你找到适合自己的独特的创业项目、创业路径的唯一手段。中国有句老话说得好:"纸上得来终觉浅,绝知此事要躬行。"切身体会也好,切肤之痛也罢,都得靠实践换来。没有实践是无法领悟到、摸索出创业之道的。实践便是提高认知的手段和路径。试想皮之不存毛将焉附,实践是皮,认知是毛。没有精准的认知谈何成功创业。作为年轻创业者必须意识到创业比就业难一百倍。是因为就业是在一个相对既定环境下的工作,公司老板是领路人,替你把握好了方向;公司是工作的舞台,为你提供了现成的操作平台;公司既有的关系网、人脉、合作方等,为你开展工作提供了现实的便利。然而创业则是完全依靠自己在黑暗中摸索的活动,面对的是一个具有高度不确定性的环境,行业的明天会发生什么令人脑洞大开的变化,下一步该怎么走等等,这些都得创业者时时刻刻去面对。同时在你晕头转向的情况下,还得带兵打仗,打个比喻就是"缺医少药、缺枪少炮"。如果作为创始人的你,领兵打仗输了,立刻会影响到士气,团队成员随时可能选择离开,而让你品尝到的则是一种背叛。让你痛彻心扉的是永远感觉在资源和人才极度匮乏的局面下举步维艰着小步前行。

毛泽东主席有一篇著名的文章《实践论》,写于1937年7月。该文主要讨论的就是知与行的问题。摘录三段,以供品读:

1. 我们的实践证明:感觉到了的东西,我们不能立刻理解它,只有理解了的东西才更深刻地感觉它。感觉只解决现象问题,理论才解决本质问题。

2. 常常听到一些同志在不能勇敢接受工作任务时说出来的一句话:没有把握。为什么没有把握呢?因为他对于这项工作的内容和环境没有规律性的了解,或者他从来就没有接触过这类工作,或者接触得不多,因而无从谈到这类工作的规律性。

3. 在这种情形之下，由于实践中发现前所未料的情况，因而部分地改变思想、理论、计划、方案的事是常有的，全部地改变的事也是有的。即是说，原定的思想、理论、方案，部分地或全部地不合于实际，部分错了或全部错了的事，都是有的。

阅读了以上文字，是否感觉对于实际面临的创业场景很适用？很有共鸣？走自己的创业道路意味着一方面要认清创业的共性，另一方面还要梳理出自己的独特性。如果缺乏独特性，如何在既定的市场竞争中或非既定的市场中获得成功。**独特性犹如一把很小却很锋利的匕首；犹如一条开口直径很小，但一眼望不到头，十分深邃的隧道。唯有通过实践，归纳总结出自己的独门绝技，才有胜算的可能和把握。**

对于想创业，即将上路的创业者而言，一头扎进创业实践中，到泳池里甚至是大江大河中学游泳，接受风浪的洗礼和考验，从而代替单纯的理论学习和探讨是必要的。毕竟创业不是写毕业论文，不是坐而论道。对于已经在创业路上的创业者来讲，通过实践去不断修正预期和实际之间的误差，摸出一点规律和门道是当务之急。不能只顾埋头实践，而少了理性归纳、总结。只有通过总结，你才会发现原来想的和实际做的距离相差甚远。缩小已知的距离，不断探明未知的距离是一条永无尽头的道路。只要上了这条道，就是不断实践、不断学习、不断找出规律、不断得出新方法的不归路。要牢记一点：理想和实际之间的落差，如果你不去熨平，你就会出局。要想一直成为创业玩家而不掉队，必须提升熨平落差的能力。创业如革命，商场如战场，战场遭遇的情况远比你上战场之前穷尽脑汁推算的各种情况要复杂得多。创业者除了埋头拉车，还得抬头看路。这里的埋头，是指脚踏实地多实践。但光实践是远远不够的，还得抬头。这里的抬头是指思考，总结提炼经验和教训，指导下一段的实践，循环往复。埋头和抬头，即为做和想的关系，实践和认知的关系。

我见过很多屡屡遭受创业失败的创业者，其中包括一些具有自省精神,敢于自我革命的创业者,一直未能走出失败的阴霾,主要原因就是对创业的认知非常模糊,甚至是错误的。很多时候认知错误意味着从一开始你选的赛道就是错的,要么这条赛道本身就不存在,是你误以为或一厢情愿认为它存在;要么是别人的赛道,你去错地方了;要么赛道是对的,你跑路的方式是不对的,山间小路开个大奔驰,恐怕怎么也跑不出正确的节奏来吧。

我曾经看到过一篇名为《投资是认知变现》文章,其中几个关键句非常值得体味,特摘录如下:

> 1. 投资即决策,而决策差异背后的根本是认知水平("认知是大脑的决策算法"):投资就是对未来的不确定性下注,投资的过程就是不断地在胜率和赔率之间做平衡。
>
> 2. 认知是多维度的:成功的投资需要完整的体系支撑,多维度的认知可以从不同的层面优化你投资体系的胜率和赔率指标。
>
> 3. 投资很难赚到你不信的那份钱:知道和相信之间有很大的距离,而真正的认知是相信,甚至信仰。

总结成一句话,即投资是认知的变现,对于不确定性的精准把握和深度理解。看到这句话,是不是感觉创业和投资是一样的道理?差别在于投资押上的是资金成本,创业押上的是创业者的时间成本、精力成本、机会成本等。万变不离其宗,投资也好,创业也罢,与其说是在绝望中寻找希望,不如说是在对于未来的不确定性中寻找到相对的确定性。

拥抱不确定性

所谓拥抱不确定性包含两个方面:① 心理层面的;② 技术层

面的。

  心理层面的是一种对于不确定性的乐观态度。应该说绝大部分的创业者都有这个共性，即喜欢不确定性，欢迎不确定性的存在。他们不喜欢永恒不变的工作环境，厌倦永恒不变的工作内容，渴望接触更多新面孔、扩大社交圈，做梦也想人生无极限等等。我访谈过的一名创业者小许，毕业于名校，放弃了直研的机会和第一份高薪的工作，开始了自己的创业生涯。小许的爷爷是一位卓有成就的建筑师和建筑商，积累了偌大的财富。小许的爸爸、叔叔等算是含着金钥匙出身，在优渥的环境中长大。作为孙子的小许也沾了祖辈的光，也是头顶光环出身，在一路走来的学生时代也是光鲜夺目。良好的家庭背景被同学们所艳羡，也受到过老师们的"优待"，不过小许倒也不为这些"名利"所累，成绩优异，高中毕业被保送名校。本科毕业本可以直研，但他放弃了。本已经通过校招拿到了一家大公司的offer，年薪达到了六位数，但他也放弃了。他掐指一算职业生涯不过40年，年薪乘上40年，即便算上通胀，一生的收入跃然纸上。天花板已见，他不想被看得见算得清的收入所捆绑。对于大公司相对确定的工作环境和工作内容，令他感到的不是同龄人希望得到的稳定、高薪、体面等关键词，而是一种窒息感。这种程式化的收入和工作，不是小许想要的，太过确定性对他而言是一种灵魂的束缚和行为的桎梏。他希望的人生是充满各种可能性，有起落才有精彩，尝遍酸甜苦辣才是丰满的人生。他希望明日推开窗，或晴或雨；他希望明日打开门，或明或暗；不同的见识、不同的涤荡，才不枉曾经年少。于是他依然决定放弃大公司的offer，与同学一起走上创业之路。最初的创业几年，遇到的各种困难远超过他之前的想象。我问他："是否想过放弃，甚至后悔当初的选择？"小许坚定地回答道："虽然创业的困难超出预计，但是后悔是没有过。因为我是一个不安分的人，这一点我很清楚。我不喜欢一成不变的工作和生活，创业对我是最好的选择，每天可以面对新的东西，面对新的人，促使我的大脑高速运转。我享受这种感觉,因为我生命的每分每秒都没浪费,都在充实中度过。"小许只是我访谈过的创业者之一,很具典型性和代表性,以小见大,大部分的创业者无不如此。我也说不清这种对于未来多样化人生乐见其成的态度究竟是与生俱来的,还是后天深受家庭影响的,但的确确实实创业者希望去经历不同于父辈、不同于同龄人的渴望,促使他们毅然决然行动起来的强烈冲动感是十分强大的,我的确感受到了。老话说得好"英雄不问出处"。同理,无论出于天生的,还是基于后天形成的各种动机,比如,改变世界、脱贫致富、改变行业、改变他人的人生等,总之拥抱不确定性是一种心理寄托、一种心理需求、一种心理向往,这种状态驱动着无数的创业者如飞蛾扑火般,在创业舞台上前赴后继。或许身处这个大好时代,便是最大最好的舞台。

技术层面的含义则蕴含着经济学和管理学这些理性科学的逻辑。早在将近 100 年前的 1921 年,世界经济学巨擘弗兰克·H·奈特出版了经典著作《风险、不确定性与利润》,书中清晰地阐明了三者之间的关系,并指出企业家的行为是面向未来的不确定性的,不确定造就了利润与亏损的存在。优秀的企业家总是能够比其他人准确地预测未来,进而满足较为迫切的需求,赚取利润。不确定性和不完全信息是企业利润获取的基础。企业要想获得利润,一是要承担风险,二是要创新。如果不确定性越大的话,做企业就必须使个人的能力和胆识非常之高,也就是说,如果这个环境比较平稳的话,中等能力的人或许也可以做企业,如果环境不确定性很高的话,既聪明又有胆识的人才有可能做好企业。可见在浩瀚无垠的不确定性中通过高人一等的认知能力去辨真伪、识黑白,利用信息的不对称性,梳理出隐藏在不确定性中的确定性,并提前布局做出好的产品,去抢占市场先机。

2018 年 12 月 18 日庆祝改革开放 40 周年大会在北京人民大会堂举行。大会让我们重温了改革开放的伟大历程,同时也让我想起了那几句耳熟能详的话"摸着石头过河""我们干的是全新的事业"

"改革开放是很大的试验""改革开放胆子要大一些,敢于试验,不能像小脚女人一样。看准了的,就大胆地试"。这些话无不预示着改革开放是一项新的伟大事业,前人从未做过的,具有高度不确定性。改革开放的总设计师邓小平同志从一开始就号召大家要敢于尝试、敢于创新。尤其是"摸着石头过河"充分说明了在大的、正确的方向指引下,党和政府也是在摸索中前行,从未知的领域中去寻找新的属于一个国家一个民族发展的新路子、新机遇。只有敢于走一条全新的路,才有可能成就国家和民族的伟大复兴。

在带领日本企业全面走向国际化的过程中,出了一批世界级、面向国际的经营管理和产品设计大师,索尼公司的创始人盛田昭夫就是一位令人尊敬的创业家。可以毫不夸张地讲,盛田昭夫就是20世纪70年代的乔布斯,在创新方面硕果累累,超越同辈。或者说乔布斯是21世纪初期的盛田昭夫。盛田昭夫被誉为"经营之圣",他有一句名言:"我们的计划是用产品领导潮流,而不是问需要哪一种产品。""以新制胜、不满足于现状"是他经营理念的关键词。索尼公司就是要生产某些市场上从未销售过的产品,实际上是未制造出的产品。盛田昭夫的这种凡事敢为人先的哲学就是开发新产品,创造新需求的典范。

在20世纪索尼公司在电子产品上的地位和今天的苹果相当,这些伟大的商业成就是盛田昭夫的标签特征。作为兼具市场敏锐度和产品创新能力的创业家,盛田昭夫直接领导了Walkman随身听的设计和开发,这款便携式的产品当时在世界上的轰动效应完全可以媲美21世纪苹果公司出品的iPod。当年盛田昭夫还通过自身卓越的沟通技巧和公关能力,让飞利浦公司开放了卡式录音带的格式标准,使得这个标准在和美国RCA的标准竞争中获胜,成为我们使用了40年的盒式磁带的世界标准。

索尼从1979年7月开始,推出了Walkman,并创造了耳机文化,1980年2月开始在全世界销售。从此,Walkman开始风靡世界,到1998年Walkman已经在全球销售突破2亿5 000万部。《时代》将

Walkman 排在影响时代的设备第四位的理由为：世界上第一台集便携性、易用性于一身且大多数人能负担得起的音乐播放器。从某个角度讲，Walkman 开启了一种全新的生活方式。盛田昭夫在 1992 年 10 月受封英国爵士，英国媒体给出的新闻标题《起身，索尼 Walkman 爵士》则是索尼对于技术执着的肯定。在企业高速发展中，盛田昭夫慧眼识英雄，引进了当时还名不见经传的新人大贺典雄，后者是一位音乐发烧友，对音乐近乎痴狂，很懂音乐爱好者的需求，设计出我们今天的音乐 CD 标准5。

然而世人是否知道 Walkman 在"出生"之前，索尼公司内部是反对研发这一款在当时市场来讲没有过的产品，因为市场需求根本无法预测。如果投入重金研发和销售，万一市场没有预期的反响，重金都将打水漂，这样的商业风险太大了。然而盛田昭夫则凭借着让音乐随身可及的情怀和对市场需求前瞻性的理解、判断，执意研发，才硬生生地"生下"了 Walkman 这个新物种。而这种超预期的成就垄断市场达近 40 年，让人始料未及。

索尼能在 20 世纪全球电子产品界傲视群雄主要有两个原因：

一个原因是 Sony Design（索尼设计）和苹果一样，索尼极其注重产品的设计以及设计背后的哲学。索尼于 1961 年成立设计中心，所秉承的设计哲学："前所未有的""永远领先"。并由此孕育出了"原创造型""创造新生活品位""机能美""更便利"之设计理念。

另一个原因，我从索尼的企业标语中可看出端倪，比如，"Digital Dream Kids/Do you dream in Sony?（数码梦想孩子/你在索尼做梦吗?）""Make believe/Be moved（相信/行动）"，无一不在强调索尼的产品对于年轻人群体的一种激励和追逐梦想的文化属性。其中文企业标语"创新源于好奇、梦想成就未来"更是直接反映出了这种产品文化。

索尼公司的经营理念也是盛田昭夫性格和商业基因的集中体现。一家公司的风格往往由创始人决定，公司能走多远也与创始人息息相关。索尼公司之所以能在20世纪创造辉煌,很大程度上在于盛田昭夫视创新为生命,将引领潮流奉为圭臬。如果甘于人后,一味模仿,虽然看似降低了企业的经营风险,面对的是一个确定性稍强却会将自己陷于一片红海中参与竞争。一家公司没有自己的创新领地,则不会有超额利润的获得。巨大商业财富的获得都是在别人看不见的地方产生,"众人皆醉我独醒"是对于在不确定性中寻找到确定性的最为生动的写照。

地处于上海黄金地段的淮海中路、马当路有一处地标,叫上海新天地,由瑞安房地产公司于20世纪90代末,在公司创始人罗康瑞先生力主之下一手打造,也堪称罗康瑞在内地发展的经典作品。时至今日,上海新天地区域已经成为上海最具品质的商圈代名词。同时"新天地"作为一个地标品牌已在上海、武汉、重庆和佛山等多个中国重要的城市通过复制,发展出各具当地文化特色和历史传统的商业地块。现在,新天地是一个全新的文化及社交目的地,人们在这里聚会、融合,不仅可以体验风格创新的建筑群,令人大开眼界的时尚购物,更可以享受从不间断的文化活动等。新天地通过精心编排创意先锋的文化内容和各式社交的交融体验,鼓励人们分享交流观点,共度美好时光,构建社群体系。

当年上海市卢湾区区政府想就该地区做旧房改造时,看好的开发商了了,而罗康瑞出现了。当时在瑞安房地产公司内部讨论时,高管们充满质疑声几乎一边倒认为项目风险较大,这种地标性大型购物中心新物种在上海是否有市场、有生命力?毕竟没有先例可循,投资那么大的旧区改造项目,资金要求又大,当时正值亚洲金融风暴时期,问银行贷款存在高度不确定性。一方面这种商业新形态市场中还没有,银行会冒这个商业风险给予贷款吗?另一方面亚洲金融风暴期金融机构本身的日子也不好过,都在严控严防风险。

当初,由于不看好这个项目,没有银行愿意贷款。无奈之下,一心想成就自己商业梦想的罗康瑞毅然决然自掏腰包,把个人的资产都押了上去,以至于下属都认为他疯了。"新天地"改造工程开始时并不顺利。由于新天地高达十几亿元的巨额投资,建设之时又正遇上亚洲金融危机,国内外的银行都不敢轻易放贷。不得已罗康瑞拿出了几个亿的私人资金用于启动开工。这种破釜沉舟的魄力确实令人折服。

后来罗康瑞先生在一次媒体采访中说道:"很多同事劝我不要做这个项目,不过,我已经下定决心。我问同事:你只需要告诉我,如果这个项目不成功,我是否会破产?他说:不会。于是,我就做了。做这个决定,我是有一些想法的。当一个风暴冲击你的时候,每个人会变得悲观,都想知道市场未来怎么走。但我相信风暴一定会过去,过后上海就会快速发展。事实证明,我的决定是正确的。2001年上海新天地首期开业,大家都喜欢这个地方,从而也带动了周边的这些住宅与办公楼。大家将上海新天地比喻成上海的城市会客厅,是我们每天都要来的地方。我去过世界很多城市。有些地方把旧区保护得非常漂亮,人们看到它就能了解城市已有的历史、文化与传统。法国巴黎有圣日耳曼街、美国旧金山有渔人码头、日本东京有银座,而石库门是上海独特建筑样式。我们想将这一老城区打造成集住宅、办公、零售、娱乐及文化为一体的城市中心社区,采用城市社区的整体规划理念,步行优先、公共交通便捷、功能区合理综合。"

罗康瑞认为房地产跟经济增长关联度很高,上海的经济增长平均达到了百分比两位数的增长。在这样的一座世界级的城市做这样的一个创新商业项目,如果没人喜欢、没人租、那几乎是不可想象的,也是违背城市发展规律的。他经常到国外去考察,每到一个城市,都一定去看看这个城市的旧房子是什么样的?蕴含着哪些文化底蕴?看到国外的这种商业开发和业态都很受当地及来自世界各地游客的欢迎,于是他就想到在上海这座国际大都市也应该有这样的业态,也应该由自己去率先创造这个业态。

20多年前的罗康瑞在公司内部的力排众议、坚持己见造就了上海新天地日后的辉煌,引领了国内城市商业地标的新趋势,充分体现了标杆价值。罗康瑞的这种极具前瞻性的商业智慧和敢为天下先的勇气也并非一时的"意气用事",而是源于他对宏观经济的判断、海外游历的积累、对国内一线城市发展的持续看好等因素。所以这种敢于押上身家性命的突破性创新之举,也是一种基于多年商业阅历的直觉和集中爆发。一切超前意识的形成和后续的成功都是有迹可循的。

以上两位亚洲创业企业家的案例也再一次告诉我们年轻的创业者,要想获得商业上的巨大成功和丰厚回报,与自己过往的长期积累是紧密相关的。旁人看,为其独辟蹊径的商业产品和商业成就叫好。往往忽略了伟大产品孕育时,他们所在企业内部却是一片质疑声。他们之所以如此执着和"顽固"是基于一种对未来预见的自信。旁人认为由于无先例可循,不确定性巨大,投入巨资实在是疯狂之举,而他们两位却火眼金睛,看到了不确定性中的巨大的确定的市场潜力,最终赢得了商业成功,也获得了商界同仁的钦佩,更成为新一代年轻创业者学习的标杆、榜样。

总 结

本章对创业做了拆分式的注解,将"创"定义为创新,是一种有形的产物,也是一切发展和进步的代名词。将"业"定义为一种立业和守业必备的坚守、坚持、持之以恒的精神和态度。两者结合,即为创业意识的内涵。这种内涵对于年轻人而言,无论创业、就业乃至过好人生都是一种正能量的驱动。创业思维是一种永远对未来抱有希望和乐观的态度,而这种态度是源于从创业实践到认知的升华过程,唯有既"做"又"思",方能成就事业和人生。凡能成大业者必然还具有超人一等的前瞻能力和深邃的洞察力，才谈得上敢于、擅于去拥抱未来、拥抱别人眼中的不确定性，取得令人惊艳，甚至超越旁人认知范畴的成就。所以创业者重在平时的学习积累，是为未来某个时刻的厚积薄发奠定厚实的基础。"众人皆醉我独醒"中的"醉"即为不确定性，大多数人多半如此，所以不愿、不敢"越雷池半步"只能是故步自封；"醒"即为确定性，少数睿智的创业企业家拥有一双慧眼，能超前看到巨大的市场潜力，敢于"独断专行"，从而孕育出伟大的产品，在业界留下历史的痕迹。

第三章
审视创业

日本著名禅宗铃木俊隆在《禅者的初心》中的一段话：在初学者的头脑里有很多的可能性，老手的却不多。

创业机会由何而来

2019年年初我读到一篇名为《创业机会：理想与现实的平衡》的文章，作者系南开大学商学院的杨俊教授。该文是以创业研究能否作为一个独立的学术研究领域而存在，与传统的经济学、管理学既有联系、又有区别。在主流学界，目前对于创业研究的独立性尚有不同看法。不过为了争得学术界的一席之地，基于对创业研究独特性的学术挖掘油然而生，以机会为核心的创业理论体系设想才应运而生，创业机会也因此而成为创业研究的核心。文中提到乔纳森·埃克哈特（Jonathan Eckhardt）和斯科特·沙内（Scott Shane）2位教授合作于2003年在《管理杂志》（*Journal of Management*）杂志上发表了题为"机会与创业"的论文，这篇论文系统性地讨论了什么是创业机会，对于后续研究起到了重要的引领和驱动作用。

让我们直观感受到的创业热潮和涌现的创业企业家所处的时代，第一阶段是20世纪80年代的第一批创业家，比如，柳传志、王石、史玉柱、段永基、任正非等；第二阶段是20世纪90代后期开始的，以互联网蓬勃发展为契机的张朝阳、丁磊、陈天桥、马化腾、马云等，到再后来以移动互联网为载体的王兴、程维、胡玮炜等。第一阶段的创业机会主要源于改革开放的制度性红利，允许具有"第一个吃螃蟹"的胆识的人下海经商。第二阶段的创业机会归功于互联网、移动互联网极大地打破了原来工业化时代由规模经济主宰的大企业模式形成的壁垒，打破了信息不对称性，使得各类商业资源得以充分流动，从而使得普通人也可以有机会大显身手。当下的创业者早已摆脱了昔日旧有观念和制度的束缚，创业，多半雷同于第二阶段的创业家们，是擅于洞察新商机、采用新手段的一代。

在上述杨教授的文章中，提到了什么是创业机会呢？创业机会是一种态势,在这一态势中,创业者借助新手段、新目的或新手段的组合来为经济系统引入新产品、新服务、新原料、新市场或新的组织方式。在这里,特别要强调的是,与其他营利性机会不同的是,创业机会具有两点重要差异,一是创业机会意味着要改变或者说变革现有的经济交易;二是创业机会并不是来自最优化或者满意化决策,而是来自创造性决策,换句话说,创业者建构了新手段、新目的或者新手段的组合。从这一点上说,创业机会不同于一般意义上的商业机会,商业机会注重的是在既有手段的框架基础上的资源价值最大化,而创业机会则意味着创造或识别尚未被其他市场参与者发现或利用的新的手段的组合关系。大多数商业机会都是相似的,注重在既有手段的框架下的资源价值最大化,这是大公司最擅长的,也是战略竞争的焦点;而创业机会之间却是相异的,因个体信息、创造力甚至是想象力的差异而存在不同,一旦创业机会被实践证明是可行而成功,就会转变为商业机会情境。同样,因为任何个体难以在事前预测创业机会可能产生的经济结果,不确定性自然就成为创业活动的内生属性(鲍莫尔 Baumol, 1993)。从这个学术定义看,创新和创业之间存在着天然的联系,没有创新的创业只是在利用和管理资源价值,并不是真正意义上的机会驱动。

从传统的经济学理论角度讲,基于经济的非均衡性,市场天生就存在诸多信息不对称的空间和缝隙,这便是创业机会存在的地方,所以创业机会是客观存在的,只是是否存在独具慧眼的伯乐去发现。如果基于熊彼特的创新理论,那么存在一拨人擅长用新思维、新手段、新技术等去打破经济系统的封闭性和信息的不对称性,识别出普通人看不到的商机,即创业机会是可以通过主观能动性去创造出来的。上述两种理论推演出的创业机会在真实世界里都是广泛存在的,我将在创业机会分类的章节中予以介绍,条条大路都是可以通罗马的。

关于创业机会,无论是我们的直观感受,还是杨教授文中提及的

理论,都再度证明了以下几点:

1. 创新与创业紧密相关。创新是创业的基础,创业是创新的载体。

2. 拥抱不确定性才是最大的创业机会。易到创始人周航在《重新理解创业:一个创业者的途中思考》一书中写道:"比如在打车这件事情上,我开始判断说这个业务有需求、没模式。就事论事,当时的观点是对的,打车就是没有模式,**但是我没有看到打车后来演化出来的东西**。所以说要选择相信不确定性,想不清楚也要选择相信。当时我只做了自己认为正确的事情,错失了很多机会。投资更是如此,往往输大钱都是因为你太相信一件事情能成,大手笔一把投下去,结果让你输的往往都是这些确定性。市场就是这么奇妙,永远论证不清不确定性,因为我们没法去讨论发生在未来的事情。所以说当有巨大不确定性的时候,要选择去相信不确定性。"

3. 既定商业环境下的机会属于商业机会,是既定资源的变现,是对于资源价值最大化的实现。能打破原有商业环境,采用新思维、新方法、新资源组合的才是真正的创业机会。一般就业多年,小有成就后辞职的创业者容易模糊商业机会和创业机会的边界。如果走在商业机会的赛道上,那么这种就业老兵式的创业者算是幸运的,因为凭借昔日的行业经验和资源,是能够在原有行业中创业成功的。但如果是采用了新的方法手段、资源等走上了一条新的创业机会之路,但有自己又没有意识到,还躺在原先舒适圈的状态中,误以为有那么多行业大佬会帮助自己,证明自己未来依然能取得成功,则这种"误以为"是非常危险的。这是我接触过的大量就业老兵式容易陷入的习惯性陷阱。

以需求为中心

以市场需求为主线,可以将创业机会分为三类:

第三章 审视创业

A类,在已有、既定的市场需求条件下,开展创业实践。这类市场需求早已有之,无须创业者兴师动众、苦思冥想去挖掘。只需按部就班,搜索市场公开信息和资料,便可以知道大致客户在哪里、满足客户的到底是什么需求、用什么手段去满足、用什么手段去获得客户等等。这类创业机会,严格说属于商业机会,即既定商业资源、商业逻辑的价值变现。对于刚创业的年轻人来说,容易识别客户,商业模式也是行业里相对成熟的,只要学习、借鉴、复制和优化,就能上手。

传统行业能有创业机会吗?如何去理解传统和创新的关系?如果还存在市场空间,又是怎样的打法能切入这个传统市场?答案很简单:模板式创业。既然是传统行业,在不改变原有行业商业本质的前提下,必定有传统的行之有效的打法。如果你没看到,很可能只是你没发现,不代表不存在。比如,第二章中提到的罗康瑞先生在上海破天荒地打造"新天地",在国内市场看确实是一个全新的业态。但罗先生游历全球遍访欧美,正是他看到了其他发达国家存在将改造传统建筑与传承历史文化相融合的成功商业案例,精准地判断出了作为经济发达的上海也一定存在市场需求,于是大胆将这种商业业态复制到了上海。取得成功后,又开始向国内其他城市复制,越做越火。从本质上看,这种业态在世界范围已有模板,要做的就是复制,复制到国内成为创新。整个过程也并非完全复制,其中还需要属地化的优化和创新。没有任何优化和创新的复制,是不会有生命力的。

花店生意是一个"古老"的行业,上海的街头巷尾有很多花店,对于普通市民来说是习以为常的一种需求和一类生意。传统花店生意大致可以分为两类:一是以满足市民日常居家需求的街边花店,即俗称的"夫妻老婆店";二是以满足特定事宜、特定场景需求的花店,比如婚庆、公司庆典、企业年会和商务活动等。

小吴是一名海归创业者,于2017年下半年在上海创立了花店品牌ValleyFlower。当初我认识她的时候也十分纳闷,在上海开花店能赚钱吗?起码的生存能维持吗?转眼到了2019年春节,她的花店已经走上了正轨,在上海地铁站内开了3家花店,并且将在2019年继续发力计划开店总计超过10家。短短一年半时间,小吴经历了什么?如何摸到了发展方向?小吴原本在德国留学,期间用她自己的话讲就是没心没肺地游历了欧洲很多国家,除了德国,重点考察了法国、意大利、荷兰等跟花这个行业有着高度相关度的国家,对欧洲的花市场有了直观和理性的认知。荷兰是全球鲜花供应基地,荷兰的鲜花拍卖模式也是举世闻名。德、法、意等国也都是欧洲位居前列的鲜花消费国,客群消费习惯也是各有特点。作为一个传统的行业,从鲜花的供给端到物流、存储、分拣,再到最终的零售终端,整个产业链她都考察个遍。最终她领悟到的精髓——高效、标准化。鲜花的分拣和包装很多都是生产流水线,即农业工业化,所以效率非常高。由于高度的标准化和流程化,再到零售终端的前一系列环节中,花的成本也控制得很好,所以卖到终端时零售价也并非很昂贵,属于人人都能消费得起的快消品。德国有一家非常知名的花店连锁品牌"花卉2000",在德国有好几十家分店,一年的营收基本稳定在10亿多美元。花店一般开在社区周边,客户主要就是居家消费为主。德国人有日常消费花、美化生活的习惯。所以在德国花店是一个很平常的行业,或许跟在上海街头随处可见的汤包馆、馄饨店差不多,都是老百姓生活的刚需产品。德国人以严谨著称,所以开个花店的整个幕后供应链建设也是一丝不苟的标准化和流程化,直接面对客户门店设计新颖温馨,店面非常干净,客户体验感极好。这种经营花店的方法对于小吴来说是深入人心。在国内即便是在一线城市的上海这种具有品牌效应的线下实体店也并不多见。于是小吴以"花卉2000"为模板,怀揣着创业梦想,在上海地区的上海南站附近靠近社区的地方开了第一家花店。她的梦想就是欧洲能存在物美价廉的品牌花店,为什么国内就不可以有?只要有恒心,能坚持,复制德国花店模式到上海,早晚能造就一家属于她自己的品牌花店。2019年春节期间,我曾对小吴说:"我坚信你有能力实现中国版的花卉2000。"她立刻回我:"准备超过花卉2000。"一句豪言壮语直接将我秒杀。小吴一开始是走社区路线,第二家店开在了徐汇区康健路区域。这类开店模式经过一段时间的沉淀,是能够赚钱的,但客户集中度不高,偏好相对单一,一家一家开店成本就高。为了搞定既有流量,客户集中度又高的渠道方,小吴凭借着一股子坚持的劲终于叩开了申通地铁公司的大门,逐步拿下了在地铁站内开店的资质。这种渠道的好处在于客户集中度高、需求明确且量大,有比较大的需求支撑可以让自己的供应链建立起来,这是很多公司赖以生存和发展的法宝。美国GE公司前CEO杰克·韦尔奇说过:"如果你在供应链运作上不具备竞争优势,就干脆不要竞争。"英国著名的供应链专家马丁·克里斯多夫说过:"市场上只有供应链而没有企业,21世纪的竞争不是企业和企业之间的竞争,而是供应链和供应链之间的竞争。"小吴作为一名初创者却深谙企业竞争之道,这都是她在德国期间考察鲜花行业得到的经验。之前也有非品牌化的花店在地铁站点内开过,但基本没有成功的先例,究其原因,地铁公司有其特殊的要求,很多花店店主难以企及。地铁站是一个人流非常集中庞大的公共区域,尤其是高峰期,对于在站点内开店有几个硬要求:① 保持高度卫生清洁;② 店员素质要高,不能出现与客户争执等情况,容易引发公共事件;③ 店员业务专业度要高,因为多是流动客户(不像逛商场的客户),生意需要速战速决;④ 补货时间要么特别早,要么特别晚,对于店家的供货规范度要求很高。这么多硬要求对于店家来说是很高的准入壁垒,不是一般"夫妻老婆店"能满足的,所以过往留下的多是失败的开店案例。然而对于小吴来说却是个天大的机遇,这些看似高标准严要求恰恰匹配她心中的"德国标准"。她的梦想就是能够复制"花卉2000"的德国标准,在国内打造针对C端客户的连锁鲜花品牌。这就是源于创业者初心的力量,什么样的理念将造就什么样的创业者,进而造就什么样的企业。小吴按照渠道方的要求,也秉着从一开始就要严格实行标准化、流程化操作的信念,狠抓员工培训、狠抓供应链建设、狠抓门店管理制度及规范,终于达到地铁公司的要求,逐渐在自己选定的站点一家家开出了花店,也逐渐在地铁公司相关部门领导心中占有了一席之地。我曾在访谈小吴时问道:"进入这样的公共渠道肯定是很难的,除了硬要求之外,在赢得地铁公司相关部门领导首肯的道路上,是否也是困难重重?"她说:"作为一名初创者,要想进入这样级别的国企渠道自然得花一番工夫,凭什么对方领导相信我一个小姑娘呢。但是当我拿出实际行动时,对方领导看到我是一个想做事,想以德国标准来要求自己的创业者之后,非常认可我,于是就给我打开了方便之门。"小吴在获得入选资格后,加紧加快了供应链建设,又重新注册了一家负责供应链的公司,与负责开店、运营店的公司分立经营。这样做的好处在于各司其职、避免扯皮,更重要的意义在于打造专业化团队。她希望负责运营的公司能够练好专业经营连锁店的内功,负责供应链的公司能够将从云南采购鲜花到分拣到配送到各门店等整个业务链做熟,未来还可能会考虑从国外采购,这些公司专业度的积累和培养,一切始于足下。作为一名初创者,小吴从一开始就依靠着自己的执念,坚持规范化经营,且每一步都具有长远考量,甚至为未来开展国际范围采购业务都做好了铺垫,实属不易。可以说,德国标准中国化的经营理念深入小吴骨髓,也希望她超越"花卉2000"的创业梦想早日实现。

  A类创业机会带给创业者的启示是,这类市场相对成熟、需求相对明确,作为创业机会是一个容易进行尝试的赛道。由于该行业的生存法则、游戏规则,甚至竞品能很清晰地看到,所以确定性是比较强的,从战略到战术都是有章可循,不至于两眼一抹黑。创业者只需花心思研究,大致梳理行业特性,找出行业中的标杆企业,无论国内的还是国外的,找到一个适合自己学习和模仿的模板企业,找到一个尚未被占领的市场区域开始创业,打一场有准备的仗是完全有可能的,也有利于降低初创期的风险。因为创业初期最大的风险是在于为确立战略方向而所做的探索,这种探索花费的成本极高。**这类创业的机会点可能是在于你的竞争对手不愿意做或没你做得好**。创业者需要的是下功夫,尽可能去接近行业标杆企业,在某一个市场区域确保先牢牢站稳脚跟,再图后续发展,逐渐地扩大自己的业务版图,忌盲目扩张。

B类,问题驱动型。对于C端客户,由于人们工作和生活方式的变化产生的新问题,也是新需求。如果创业者能敏锐地发现这类新需求且善于利用新技术(比如互联网、移动互联网的广泛应用)去解决问题,满足客户需求的话,就是一个好的创业机会。对于B端客户,则是由于行业的演进出现的新问题,比如,互联网时代的到来,越来越多公司互联网化,产生了云和对云的需求,于是亚马逊也好,国内的阿里云也好,都纷纷抢占市场,作为互联网世界的"基础建设",是行业的基石和必需品。**B类创业机会中,把握To C的市场机会需要创业者长期多观察多留意人的生活习惯、思想观念、消费习惯、人口变化等社会因素的变化,善于从中洞察到人在不同历史时期可能产生的消费变化或新的消费需求的产生**。对于To B的机会挖掘,则需要有行业经验的人,保持行业警觉度,对于本行业乃至相关行业的发展趋势做长期的跟踪观察。一般行业宏观趋势的发展是有章可循的,所以大的趋势所蕴含的商机是可以预测的。一般由于技术引领和技术发展条件下的行业变化,通常也会产生新的问题,比如,中国制造向中国智造发展是一种趋势,那么精密仪器的广泛应用是必然的。众所周知,很多尖端产品需要精密车床,而这种车床我们都是依赖进口,有进口瑞士的、日本的等等。很多高端科研实验室需要的精密仪器也是依赖进口,有英国的等等。但是进口的东西,一方面由于某些政治、商贸的因素会禁止销售到国内;另一方面进口品的价格非常昂贵,长期依赖进口会极大增加我们的成本,同时也会成为别国卡我们脖子的手段。所以精密仪器零部件的国内研发和生产成为一种必然的趋势,由于国内市场巨大,已经有一些国内相关企业开始转型,在具备一定科研和生产能力的条件下,开始了规模化研发和生产,以此逐步走上进口替代之路。再比如,我在一次与创业者聊天时,听到另一个企业家张总已经看到未来新能源汽车电池可能带来商机的故事。当下新能源汽车取代传统内燃机汽车是一个必然趋势,汽车电池厂商纷纷发力造电池。但是电池是有寿命的,再过8~10年当电池进入"中老年期"会不会发生故障呢?于是张总已经以股权方式投资了一家汽车电池厂商,通过深入研究各类汽车电池,开始着手研发可以植入在电池内的传感器和微型灭火器等。这种富有前瞻性的机会洞察力和尝试性的探索往往能成就一家企业。虽然当下的探索项目未必一定就能成为未来的爆款产品,但是顺着这种逻辑往前走,总会赢得真正的商机。

关于To C的创业机会,我们来看两个案例。味库是2013年底在北京注册成立的一家互联网企业,提供的核心服务内容:净菜、半成品配送上门。解决的是居家做饭的痛点。当下年轻人已经不像上一代父母那样会去菜场买、洗、烧,完成整个流程。这种市场需求源于现在工作和生活方式的变化。一方面年轻人不愿意在做饭上花那么多时间,他们更愿意将时间留给休闲娱乐;另一方面现在的年轻白领劳动强度大,业余时间少,客观上没时间自己做饭。但是外卖也不可能完全代替自己做饭,所以居家做饭是一个刚需、高频、消费潜力很大的市场。味库正是为解决这个痛点而生的O2O平台性公司。味库通过整合本地的生鲜半成品食材供应商,比如中央厨房、食材加工企业、居民小区附近2~3千米内的各类餐厅,利用他们的自动化生产线和供应能力,来帮助居家客户完成食材的采购、清洗、切配等入锅之前的准备工作,并把保质保量的半成品菜送到客户家里。从食材开始加工,到处理好送到家中,整个过程不超过12小时,确保食材新鲜;并且由于去掉了中间环节,没有库存,味库上的价格也比较亲民。味库的品牌定位是"互联网+菜市场",帮助当下的中国家庭节约做饭时间,提高做饭效率,从烦琐的做饭劳动中解脱出来,更多的是享受DIY做饭的乐趣,避免陷入烦琐的事前准备工作当中。

为了做到产品和服务的好、快、省(钱),味库严选了两类供应商,第一类就是可提供"中央厨房式"服务的食品加工企业,这些企业都是从各大商超的供应商中遴选的,比如沃尔玛、家乐福、711等的供应商。比如还有一家叫"科尔沁"的供应商,在2008北京奥运会时曾为奥运村提供牛肉、牛排的半成品。所以在品控方面值得信赖。同时,这些供应商也会定期或者不定期地接受商超等下游渠道的抽检,以及来自政府相关部门,比如食品药品监督管理局、市监局等的抽检。第二类供应商就是品牌餐厅,特别是一些高端品牌的餐厅,现在和味库合作的有俏江南、海底捞、淮扬村等品牌餐厅,由它们来向味库提供每天在餐厅卖的各种招牌菜的半成品,所以用户在味库上可以看到他家附近的高端品牌餐厅中有哪些是可以购买半成品净菜的,选择下单后,餐厅会大概在1小时左右把消费者想要的生鲜半成品净菜和所有的调料包送到家。目前有近100家或品牌餐厅入驻味库平台,平台中提供包括各种菜系家常菜、火锅、牛排、烘焙等近千种菜品,满足用户多口味选择需求。

公司创始人顾东君在一次采访中说道:"味库的存在主要解决的就是城市生活中人们因为工作忙做饭难的问题,特别关注的是年轻人群体和双职工家庭。味库想帮助这类家庭和群体腾出时间做自己喜欢的事,比如自身休闲、陪同家人等,把有限的时间花在自己认为更有价值的事情上,让自己具有定义闲暇时光的可能性。"味库之所以能在短短几年内发展迅猛,与富有行业经验的专业化团队是分不开的。公司创始人兼CEO顾东君曾任九阳公司新闻发言人,同时也负责过客户行为监测的工作,所以对于如何运用媒体推广自己的企业和发现客户新的需求,及时抓到客户的痛点具有敏锐的观察力。准确把握客户需求恰恰是创业企业的坚实起点。其他高管CTO、CMO等也都是相关行业中知名企业担任过高管的专业人士加盟,才形成了非常强的团队战斗力。

无独有偶,在同为一线城市的上海也有一家创立于2015年定位于"为都市年轻化忙碌家庭服务的生鲜一站购平台"的创业企业叫我厨。我厨的定位是在家吃饭是都市家庭真正的刚需,但"工作忙,没时间买菜、切配花费大量时间,同一个平台难以买全各类食材,年轻夫妻不精于烧饭等"都是消费痛点。

从市场需求端看,要先从客群选择上做好确认。在生鲜电商跑道上,有各种各样的定位,如有人定位于中产阶级和高端消费,还有人定义在To B的赛道上。我厨认为,线下生鲜购买的最大客群、最高频次是出现在家庭方面,家庭才是频次固定的、有刚性需求的客群。做这个定位的时候,首先需要考虑的是如何满足新的都市人群,即如何满足80后、90后步入家庭后对生鲜刚性消费的需求。这些用户注重的是品质和品类。简而言之,既要食材品质高、又要品类齐全。现代人对于品质的要求是越来越高,尤其是食品安全。关于品类,一线城市的客户已经被中国的各类电商培养出了一站式消费的习惯,希望在一个电商平台就能买到各类自己想要的食材,满足美味的需求。同时关于吃的需求,可能是计划性的,比如,今天想好明天吃什么,可以提前网上购买,明日送达。也可能是即时性的,很多人不愿意为了明天吃什么,在今天就要开动脑筋去"苦思冥想",很可能是到了当天下午才去考虑晚上吃什么,然后当场点单,希望下班回家食材能及时送达。所以从消费端,可以看到,客户既要东西好,又要快而便宜,还要提供全品类的菜,每个商家都会想给客户最好的东西,但是有没有能力给又将是一个重大的考验和企业间的竞争点。所以怎么样才能在供应链上做到这一点,既让客户获得这些价值,又能够长久地留存,其背后是一条供应链的问题。

如果不能打造出一条具有足够弹性的柔性供应链体系,仅靠跑腿送菜,根本不是消费升级,重塑一条跑赢线下实业的供应链才是最重要的。所以我厨从一开始就致力于打造了一种重度运作模式。首先是品类涵盖了下厨用到的基本商品,而且这些品类不只是齐全,而且做到平价。第二个是成本,一定要建立一个相对规模化的模型,要做的供应链是一体化的,要照顾到相关各方的利益,避免产生多方博弈的情况,利润空间自然就产生了。生鲜电商要做到的价值点就是高频、刚性的需求及自然的复购和留存。我厨自创立伊始就在供应链上下苦功,比如,组建专业团队,完善菜品的开发,达到标准化、流程化、可复制的要求;打造完整的供应链,从中央厨房、仓配中心、ERP系统到全程冷链系统;控制成本和损耗,生鲜品月度周转超过30次,常温品月度周转超过5次,所有品类的全程总体损耗率控制在3%以内;优化供应时间,做到凌晨12点前下单,早晨8点前能送达。这一系列动作的背后就是努力练好内功,打造核心竞争力的供应链建设。铸成了这条柔性供应链,才能确保在生鲜这一相对低毛利行业中获得持久利润。我见过"创TALK"的一段采访视频,受访者我厨联合创始人兼COO夏荷。采访中夏荷说道:"我厨是在传统企业基础上建立起来的,最早是由望湘园孵化的一个公司。那么有了传统餐饮对于供应链、对于菜式、对于生鲜的这样一个把握能力,才为我厨今天的发展奠定了非常好的一个后台基础。在这样一个基础上再去用互联网这个载体和方式,相信这就是当下消费升级非常好的一种运营方式。"

夏荷是一位二度创业者,早在2010年,夏荷和朋友在杭州共同创立了一家公司,选择的是农业行业进行创业。5年后,该公司发展成了包含铁皮石斛、兰花等多条产品线的种植与销售公司,成为浙江首屈一指的农业精品项目之一。2015年,夏荷来到上海,开始自己的第二次创业,加盟我厨。2014年12月,我厨由望湘园等几家企业共同投资联合孵化成立,并于2015年3月正式上线。我厨之所以能够在上海市场崛起,在菜式品类、品质和供应链打造上能够有所作为,与望湘园作为一家传统餐饮企业在行业经验、物流、采购等环节上的支持是分不开的。我厨的阶段性成功也可以看作是在传统企业基础上通过互联网技术延伸出来的一个新物种。

B类创业机会带给创业者的启示是,创业者通常是同一或相关行业出身,具备相当的行业经验、人脉,对行业本质了解得比较透彻,对行业的演进趋势也有前瞻性的判断,对通过新技术(比如互联网)与传统行业的嫁接与融合发展有一定的把握能力,对于如何克服他人难以克服的行业困难有心理准备。总之,是一种有准备的创业。味库与我厨这两个案例非常有意思的看点是将人们生活方式改变出现的商机(To C)与传统行业创新发展(To B)很好地结合起来了,拼的是谁能将两者之间的耦合度做到极致,谁就能取得创业的成功。为何味库在北京起家,我厨在上海发迹,并非偶然,而是时代的逻辑。北京、上海同属一线城市,除了本地人口,还接纳着无数外来人口来城市发展。一方面现在的年轻人没时间或也不愿意按照传统方式耗费大量的时间完成"全产业链"的做饭模式;另一方面也非常接受互联网带来的便利性,所以上述两个案例就很好地满足了年轻的打工族、双职工(外来人口中多数双方父母也不在身边)的居家做饭需求,极大地给他们带来了便利和美味的便捷性选择。再看这两个案例中的创始人,都是具有相关行业经验的创业老兵,对于获得行业资源的支持可谓得天独厚。我厨,就是直接获得望湘园的资金和资源支持,这样的创业必然对于项目起盘和距离成功更近一点。

刚毕业的大学生由于参加工作年限不长,对于各行业了解自然不会有多深入,但是可以结合自身的学科优势挖掘创业机会。比如,有一位来自上海工艺美术职业学院的学生小田,本来就是学设计的,她选择了广告行业创业,项目名称叫LED环保展示系统。是一种立体式全方位展示产品的插片式灯箱,对于品牌商参展博览会等是刚需。她的产品具有占地面积小、展示充分、可根据客户需求更换插片、重复使用等优势,成本较低,比传统的制作背景墙、广告牌性价比更高。这就是根据专业所学,在行业中寻找商机的典型案例,值得大学生创业者们借鉴。

对于有过几年工作经验,想辞职创业的人来说,需要在本行业广泛积累,谋定而后动。比如摩拜单车创始人胡玮炜,曾经做了十年汽车行业的记者,对于汽车及出行行业有相当深刻的认知和人脉,才会创立摩拜单车。创业是需要众人助力方可成事的,试看胡玮炜创业道路上的几位关键人物。负责融资的李斌,易车网和蔚来汽车的创始人;负责摩拜单车设计的王超是开云汽车创始人,一位极客,开云汽车是一家设计未来新式汽车的公司。这些举足轻重的人脉都是源于胡玮炜十年汽车行业记者的积累,任何事都不会是无本之源,唯有厚积才能薄发。

很多投资人很关心创业者过往的学历、工作履历、家庭背景、交友圈等信息,就在于着重判断创业者对于行业认知和未来趋势把握的可能性到底有多少,集聚业内资源的能力有多强。创业者并非无缘无故从石缝里蹦出来的孙悟空,创业也并非追逐时尚的一时兴起,而应当是长期积累后的集中爆发。

C类,通过发现新的客户价值,创造新需求,创造新的产品,超越人的原本认知。比如,在乔布斯带领下苹果公司推出的一系列产品iPod、iPad、iPhone、AppleWatch等,一个个脑洞大开的产品,一次次刷新人们的元认知,带给客户超越性的产品体验,从而成为全球首屈一指的高科技公司,苹果的忠实客户被形容为"脑残粉"。

我曾读过一篇微信推文《当我们在谈论职人精神的时候,究竟在谈什么?》

文中主要介绍了日本传统手工艺的一些传承者,他们都是匠人,他们身上透露出的是一种执着的匠心精神,他们以自己从事的手艺门类为荣,为此而活是他们的精神选择。一位玻璃器皿的制作大师堀口徹的信条"这是我的人生本身,是我活下去的方式。"他制作的玻璃杯会依照盘中所盛物品和周遭环境变化而折射出完全不同的光泽,这是对传统工艺的一种创新,玻璃杯本身没有生命,但是可以通过制作创新赋予其新的生命,可以依照不同时代不同代际人的需求和感知能力而做出相应的变化。堀口彻还会将自己的作品去参与跨界合作，比如室内设计展、时装秀等，将玻璃器皿的应用场景边界做新的尝试性的拓展，打破传统框框的束缚，创造一种全新的客户认知和体验。吉原義人是一位刀匠，他锻造的刀没有熔化金属这个步骤，形状全靠手工锻冶，刀具的质感与一般工艺制作的就会不同。而且他都是亲手在刀镀上刃纹，每一种刃纹都体现出他对创造刀的视觉美的不同理解和不同诠释。加之刀的手感不同，为人们欣赏和理解刀又创造了一种不同的体验和视角。他制作的刀是包含了视觉、触觉、心觉的艺术作品。还有一位叫吉冈更纱的女性染织家，她对自己与染织技艺之间的关系定义是"我只是布料和植物之间的媒介而已"。她作为染织世家继承者，一方面继承日本传统技艺，展现日本的传统颜色；另一方面为了创造出新的源于植物的自然颜色，吉冈更纱会特意寻觅农家专门为其种植栽培，因为有些植物比较稀有，为的就是制作出与众不同的颜色效果。她说："我们是从植物的生命里得到这些颜色的，要心怀敬意地去使用。"这些日本匠人的匠心精神所展现的是执着、坚守，而这份执念背后则是不断突破传统，不断创造新的产品边界，或是从产品本身的属性上去挖掘创新点，或是跨界创新，总之这些匠人都相信创新是永无止境的一条道路，值得用一生去行走。

2014年，鲜花市场出现一家新的互联网企业：FlowerPlus。创始人王柯去了一次欧洲旅行，看到欧洲人民消费花属于日常习惯，花是生活不可分割的一部分，于是他回国后就创新模式，搞起了鲜花订阅，立志要将鲜花变成中国新中产阶级生活的一部分。2015年我曾经走访过FlowerPlus，公司坐落在上海嘉定区的金沙江路区域，办公室是一栋面积不大的小楼，员工们主要在二楼办公，那个时候一眼望去员工也就十来个。紧挨着小楼的就是鲜花分拣工厂，工人们忙忙碌碌地分拣从云南配送来的鲜花。由于销售业绩已经出现了大幅度增长，证明了其商业模式存在的合理性，顺理成章拿到了A轮投资。

2016年全年实现了销量额过3亿的突破,开启了鲜花订阅模式的市场格局。用户通过微信下单,每月支付不到100元,每周就能收到一盒时令鲜花快递,收花地点可以选择周六在家,也可以选择在周一的办公室,这是Flowerplus的独创模式。站在2019年的今天回望,公司发展速度非常迅猛,在订阅式鲜花市场已经站稳了脚跟,是行业中数一数二的企业了。再度浏览公司官网,我关注到两个标题:全球花农伙伴和世界级供应链。网页上也展现了今日公司的实力,拥有20 000亩鲜花种植基地,600万枝鲜花每周由此采摘,与全球鲜花大国达成协议,只进口品质上乘的A级花材。公司已经建成全国7大仓储基地,拥有35 000平方米鲜花工厂,0.3秒完成一束花的包装。这些文字都是公司实力的体现,也是实现客户满意度的保障。

然而我以为这家初创企业最值得称道的是**创造了新的市场需求,变传统的场景性消费为日常性消费品,通过互联网方式把花卖成了快消品,实现了客户价值的创新**。对于普通大众来说,一般鲜花多半是在节庆日消费为主,比如,春节、情人节和圣诞节等。对于传统花店,老板都是先自己垫资进货,卖出后再回笼资金,现金流情况相对比较吃紧。FlowerPlus利用订阅式,每月四束起送,不仅改变了客户的消费习惯,从花进家门演化到进公司门,从居家消费变成办公室消费,一下子拓展了巨大的市场,且是具有尝新意识和极具消费力的工作人群市场。由于是先预订后配送花,公司对于花的从采购到物流等都可有计划有步骤实施,避免库存的风险(鲜花不同于普通商品,受花期限制),同时让公司现金流状况变得很主动。要知道,现金流是一家企业,尤其初创企业的命根子,很多初创企业就是死在了现金流的枯竭上。现金流对于初创企业就像血对于人的重要性,只要有现金流,企业就能撑着活下去,活着就有希望。我曾在一次创业活动中遇到过FlowerPlus投资方之一的光合资本合伙人王岳先生,王总告诉我:"光合资本专投开辟蓝海市场,创造需求,创造新市场,改变行业游戏规则的新兴企业。所以光合资本从天使轮开始就十分看好FlowerPlus，之后还加投过。"FlowerPlus在短短几年的发展历程中从商业本质上经历了节日用花、生活用花、兴趣用花几个阶段，还曾与星座网红同道大叔合作专为爱星座的人群推出了一款IP产品"星座幸运花"。一次次刷新人们对鲜花消费的认知，一次次延展鲜花消费的客户价值，是一个创造新需求的典范项目。

C类创业机会带给创业者的启示是，**创造需求是一种真正的机会驱动型创业。打破原有行业边界，创造新的客户价值，带来全新的客户体验是这一创业机会的立足点。创造新需求带来新的市场价值的表象为公司现金流、业务流走向的与众不同，本质上则是商业交易结构的重构、资源的重新配置，从而充分实现自身及相关利益者的利益最大化。**这类创业机会需要创业者具备跨界思维，对于传统产品的应用场景要具备迁移的能力，看到传统产品在其他场景下的新的消费价值。对于产品本身也需要有创新，无论从日本匠人的匠心作品，还是FlowerPlus的产品系列（创始人王柯本身是一位极具市场敏感度和洞察力的产品经理），都赋予了产品新的理念和新的生命。

以需求为中心的创业机会从A类到C类所蕴含的不确定性是依次增加的，从某种意义上讲探索的成本会更高，创业的难度也更大，但同时市场空间也更大，获取利润的空间也更富有想象力。一般而言，A类和B类所代表的商业本质并未发生根本性的变化，是对于原有行业的深耕或行业发展过程中的优化，所以创业的精髓在于通过新方法、新技术提高客户消费产品或行业优化迭代的效率。从根本上讲还是属于满足市场既定需求。而C类属于创造新需求，改变了商业本质，所以创业的要义在于赋予产品新的内涵，在创新中前行。

以技术为中心

谈到创新，有一本经典著作不得不提，那就是2010年引进国内出版的哈佛商学院克莱顿·克里斯坦森教授的《创新者的窘境》。此书红极一时,为技术型公司的创新提供了发展路径,也一针见血地告诉大家为何大公司会被小公司赶上并超越。书中提出了两个概念:延续性技术创新和破坏性技术创新。前者是基于企业原本面临的市场需要,企业对资源配置和形成的内部流程等都是为满足现有市场而打造的,在原有产品技术上进行优化迭代,并不改变产品赖以生存的价值网和产品本身的属性,提高的是产品的性价比。后者是在大公司不愿意投入或没关注到的新需求领域,由小公司率先看到商机,孤注一掷进行探索性研发而产生的明显有别于旧有产品技术的新技术,满足客户的新体验。两者之间的重大差异在于立论基础的不同,也就是价值网的改变,或者也可认为是企业经营的前提假设的改变。立论基础的不同也导致了前者不改变商业本质,属于量变范畴;后者则改变了商业本质,属于质变范畴。作者在书中提到原有的价值网会造成企业价值观、运营流程以及成本结构的固化,使之不愿意去进入一个需要投入成本去验证是否存在的市场或即便存在但利润率很低的市场,所以就可能给到初创企业去从事破坏性创新,承受低利润的机会,最终甚至创造了一个新市场。其实大公司在延续性技术创新上拥有的巨大优势,无论是资本还是资源都是初创企业无法比拟和抗衡的,从某种意义上讲也是在无路可走的情况下,为了生存也好,为了创新也罢,必须走一条不同寻常之路,也就产生了破坏性技术创新的土壤和生成机制。该书揭示了为何破坏性技术创新会产生,为何初创企业能打败大企业的机理,而我以为这种现象背后还暗藏了另一层逻辑,即与其鸡蛋碰石头,不如另起炉灶成就事业的可能,这种可能恰恰表现为初创企业的进化。进化是一种必然,与其说是创业者自己寻找生存的出路,不如说是物竞天择的过程和结果,就看谁能比别人更快地找到自然规律,做了符合自然规律的事,也就让企业扎稳了脚跟,这个将在本书后面再做探讨。

除了该书针对技术性公司的创新做了定义之外,通常我们能看到的创新分类一般有三类：常规性创新、突破性创新、颠覆性创新。从商业案例角度看，有些是通过商业模式创新实现的，有些则是技术驱动实现的。有一个大家都熟悉的行业能够很好地诠释这三类的创新，就是汽车行业。我也想通过对该行业历史的回顾来让创业者更便捷地感知不同创新方式所体现的价值以及从自身出发如何定位自己处在哪类创新中，如何在自己所处的维度去发力。

至今汽车以技术发展为中心大致可以分为动物时代、动力时代、智能时代和无人驾驶时代等。我们一般理解的动物时代的车就是马车，当然还会有以羊、驴、骡、狗等作为主要动力来源的车。与在陆地上明显不同的是狗车，狗拉雪橇的场景经常出现于涉及南极或北极地区的纪录片中，一群狗飞奔，雪橇飞驰向前。不同动物或牲口在不同地貌特征的地区发挥着各自特长，来完成动力输出的任务，把人或货物从这里搬运到那里，完成地理位置上的移动，其中马车显然是最具代表性的，因为应用场景最为普遍。马直接载人，就是我们俗称的骑马也可以被认为是某种形式上的马车。令我们耳熟能详的是古人经常喜欢购买良驹，一匹好马意味着跑得快，能更高效率地帮助人完成位移工作。古代马车除了民用还可军用，军用对于马的要求更高，需要更好体质的马，提供更快的速度，更长久的耐力等。但无论何种场景，人们对于马的根本需求是速度或者理解为快，持续性或者理解为耐力。但马毕竟是动物，再好的良驹在速度和耐力上终有上限。就像人，百米飞人的速度在9秒出头，每提高0.01秒恐怕都得天时地利人和集于一身时，方可打破世界纪录。人跑得再快也比不过动物世界中的短跑天才猎豹，这是基因决定的，也是每个物种的天然属性。所以在动物时代，要想满足快的需求，就是物色到一匹良驹。如果运气足够好，物色到一匹良驹之王，也算是一种创新，但由于动力输出的本质没有发生变化，故顶多也只能算是常规性创新。故如果问马车客户的需求，客户只会说"我要的是能跑得更快的良驹"，但对于时速超过100千米的"快"，肯定是不可想象的。

18世纪工业革命的标志是蒸汽机的出现,蒸汽机是将蒸汽的能量转换为机械功的往复式动力机械。1769年,尼古拉·约瑟夫·居纽制造了世界上第一辆蒸汽驱动的三轮汽车,他用蒸汽机证明了作为动力输出的可行性。这是人类历史上第一辆现代意义上的汽车。这辆汽车被命名为"卡布奥雷",车长7.32米,车高2.2米,车架上放置着一个大锅炉,前轮直径1.28米,后轮直径1.50米,前进时靠前轮控制方向,每前进12~15分钟需停车加热15分钟,运行速度3.5~3.9千米/时。1771年造出第二部车,没有真正跑过,现置于法国巴黎国家艺术馆展出。蒸汽机车的发明成为古代交通运输(动物时代)与近代交通运输(动力机械驱动)的分水岭,具有划时代的意义。到了19世纪80年代内燃机诞生了,它是通过使燃料在机器内部燃烧,并将其放出的热能直接转换为动力的热力发动机。随即世界上第一辆汽车就由德国人卡尔·本茨于1885年10月研制成功,一举奠定了汽车设计基调,后来的内燃机再怎么迭代也是建立在此框架内。他于1886年1月29日向德国专利局申请汽车发明的专利,同年的11月2日专利局正式批准发布。因此,1886年1月29日被公认为是世界汽车的诞生日,本茨的专利证书也成为世界上第一张汽车专利证书。众所周知,实现现代汽车量产的是美国的福特汽车公司。1908年,福特公司设计出一种新型汽车——T型车,一种不加装饰、结实耐用、容易驾驶和维修、可行乡间道路、大众市场需要的低价位车。1909年开始T型车单一品种生产,当年售价950美元,产量达万辆。福特公司将泰勒的流水生产线技术运用到汽车上,这种技术不仅有助于在装配过程中通过生产设备使零部件连续流动,而且便于对制造技能进行分工,把复杂技术简化、程序化。这一阶段的整车制造集中于单一车型的量产至少说明了两点:① 汽车是可以标准化、流程化生产的;② 单一车型量产满足的是人们对于速度的需求,也就是说在内燃机车站上历史舞台的初期,人们的需求还是"快",即便需要有所延展也是局限在实用性上,且与马车相比,由于是机械动力,车的速度和续航里程远远胜过马车。从技术创新角度讲,内燃机车的诞生毫无疑问是一种突破性创新,机械动力的出现相较于动物动力时代明显就不是一个档次上的事了。

第二次世界大战后世界开始全面进入汽车时代,汽车作为一种商品开始满足不同的需求,于是在汽车的外形、性能、颜色等,都进入了发展的快车道。汽车产品的多样化时期主要从20世纪50年代开始至70年代。20世纪50年代,美国汽车业界已形成"通用""福特""克莱斯勒"三大公司鼎立局面,并且以压倒的优势雄居世界汽车市场。同时期的欧洲厂商也开始实行"量产化",另外,欧洲厂商具有卓越的产品设计能力,从而涌现各式各样知名品牌,比如,德国的大众,英国的希尔曼、莫利斯,法国的雷诺,意大利的菲亚特等。不同的品牌背后是不同的技术创新和设计创新,满足的已经不仅仅是速度这一单一的需求,逐步延伸至审美需求等。

进入20世纪80年代,汽车逐渐步入电子化时代,新兴的电子技术取代汽车原来单纯的机电液操纵控制系统以适应对汽车安全、排放、节能日益严格的要求。最初有电子控制的燃油喷射、点火、排放、防抱死制动、驱动力防滑、灯光、故障诊断及报警系统等。90年代以后,陆续出现了智能化的发动机控制、自动变速、动力转向、电子稳定程序、主动悬架、座椅位置、空调、刮水器、安全带、安全气囊、防碰撞、防盗、巡航行驶、全球卫星定位等不胜枚举的智能化自动控制系统,还有车载音频、视频数字多媒体娱乐系统、无线网络和智能交通等车辆辅助信息系统。于是客户需求又一次延伸至安全、舒适等领域。

以动力输出为技术创新的话,那么现在的电动汽车又是一次突破性的创新,比如,特斯拉。特斯拉的电池之所以能提供超强的动力输出,能够明显优于其他电动车的续航里程,一方面是电池本身的先进性,另一方面也源于电池管理水平,高效的电池管理能力可以提升每组电池的协同,从而确保更强动力的输出。特斯拉不同车型的续航能力一般在300~500千米,比同级别的电动汽车明显更优。2016

年10月20日,马斯克在一次发布会中宣布,所有的特斯拉新车将装配"具有全自动驾驶功能"的硬件系统——Autopilot 2.0,这意味着特斯拉正大步向自动驾驶时代迈进。这足以证明我们即将进入汽车智能化时代。

智能汽车是通过自身搭载的传感器,通过信息融合算法感知周边路况;还可以通过与其他汽车、行人、道路设施通信,获取周边环境信息,使其行为具备智能性。智能汽车是一个集环境感知、动态决策与规划、运动控制与执行等多功能于一体的综合系统,相关技术涉及信息工程、控制科学与工程、计算机科学、机械工程、数理科学、生命科学等诸多学科,是典型的高新技术综合体。无人驾驶是自动驾驶的高阶版,国内知名的互联网企业百度早以布局和研发无人驾驶车。2014年7月24日百度启动"百度无人驾驶汽车"研发计划。2018年2月15日,百度Apollo无人车亮相央视春晚,在港珠澳大桥开跑,并在无人驾驶模式下完成"8"字交叉跑的高难度动作。我们也曾看到过李彦宏乘坐无人驾驶汽车到达百度AI开发者大会的新闻,轰动一时。

从古老的马车,到现代汽车行业发展的200多年历史,生动鲜活地展示了两个技术主轴。一个是以动力输出为主,从动物动力到机械动力,技术的突破性创新将车的速度提高到了以安全为边界的极致。在马车时代,人类是无法想象速度会有质的提高,那是因为技术没有发展到机械时代,当时的技术水平限制了人的想象力。到了机械动力时代,人们一次次通过提高微创新,将动力输出的纪录不断刷新。"快"的需求被极大满足。于是人类的需求就开始转变成审美、安全、舒适等等,这是一种必然。**需求的属性就像无数凹槽的一种连接关系,当一个凹槽被水填满,水自动进入下一个凹槽。不同的凹槽不断勾画出客户需求的变化和企业竞争的新起点**。到了新能源动力时代(电池为主),是将环保等因素考虑进来,开启了动力输出的新时代。所以以动力输出为主的技术发展及满足的客户需求是突破性的,但是车还是车,还没有改变车本身的属性,即帮助人实现位移,只是在位移的基础上提供了速度、安全、舒适等需求。而另一个是以智能化为主的汽车时代则是颠覆性的创新,无人驾驶将是目前我们目光所及的智能化汽车的最高境界。试想一下,有朝一日无人驾驶车的实现还仅仅是满足位移需求吗?**我以为是在发生位移时对这一段时空进行了重新定义且这种重新定义权是被赋予了客户,这是质的变化,而非仅仅提高位移体验,提供更好的体验只是一种感性的表达。**假设驱车从某地赶往某地,需要1小时,原来需要自己驾驶,人被锁定在了方向盘上。而无人驾驶车时代的来临,**人可以安排自己在车厢这个封闭空间内、历时1小时内做自己想做的事,定义属于自己的时空,比如,休息时段——小憩片刻;休闲时段——看一部短片;商务时段——开一次电话会议;亲友时段——跟家人或挚友互动。无人驾驶,会把人极大地解放出来,人们会更愿意待在车内或更有效率地利用好车内的时光,这将是对车怎样的一种想象空间和期待?对于人而言,车还是车,但车已不再只是车……因为商业的本质产生变化了。**

谷歌(Google)对汽车的定义是:汽车的本质是传感器和大数据联结的人工智能。这种新的定义、对汽车行业的重新认知和重构,并不出自传统汽车大公司,而是从跨界企业的视角出发。这种现象已经并非汽车行业独有,是因为在科技力量蓬勃发展的今天,行业的边界可以越来越模糊,行业交叉带来的对客户需求的满足程度可以大大超出历史。原本行业的商业本质一次次被刷新,不断给人们带来新预期,也给原本行业的巨头企业带来无与伦比的竞争压力。同时也带给新兴企业前所未有的发展机遇。最厉害的创新就是颠覆性的,因为这将对行业产生结构性的改造和变革。行业巨头若没有察觉或不愿意跳出自己的舒适圈,还是愿意守在原来的却又不断被吞噬的利润区,那将是一种慢性自杀的行为。很不幸的是总有巨头会在颠覆性创新面前倒下,新锐企业诞生并壮大,所以创业才会成为恒久的主题词。

总　结

　　创业机会识别是创业的起点,而实际上很多创业者早已不知不觉上路了。不过创业者途中会产生卡壳的感觉或总觉得使不出力等情况,究其原因是对于自身创的什么业洞察不够。由于不同创业机会所需要的认知、资源和着力点是不同的,所以本章选取了以需求为中心和以创新为中心,以这两个主线来做创业机会的分类和分析。无论创业者从哪个角度去审视自己的创业项目,重点在于看清楚自己机会的属性;哪些点上是值得自己花精力去寻求突破的;自己与所谓的竞争对手是否在同一个属性的赛道上?未来由于模式创新也好,技术迭代也罢,可能给行业带来的变化为何?这种变化对自己、对竞争对手意味着什么?上述问题都是木章希望能带给创业者启发和思考,提供给处在混沌中的创业者一些新的思考角度和方法。

第四章
创业观（一）

路是理想，为在路上的人指引方向；
路是信仰，为在路上的人赋予力量；
路因为脚步才会存在；
路因为人才有意义；
一条没人走过的路，走过去才是路；
一条充满挑战的路，走下去才有答案。
以必成之心，创未有之业。

——短视频《改革开放再出发》

创业是一个战略问题

"创业到底是啥?"这个问题我问过很多的创业者,有创业刚2~3年的小菜鸟,也有创业十年以上的老兵。无论老人还是新兵的答案大多是,"创业就是心怀梦想、追逐梦想""我受一种使命感的驱使,所以选择了创业""创业就是为了改变世界""创业就是把我原来的资源变现"等,五花八门的答案比比皆是。我还面临过的一种情况就是一屋子的创业者面对我,然后面面相觑,不知道我这葫芦里卖的什么药,不知道如何回答。我从他们的眼神中看到的是好像他们从来也没有想过这个问题,虽然有些创业老兵已经身经百战。或许在路上的创业者每天解决实际问题都来不及,根本没时间去思考这个问题。当我换一种角度,给到创业者另一个视角提示的时候,大家就会有一肚子的话想说。我通常会转换成另一个问题"你们创业中最痛苦的阶段是何时?面临过的最痛苦的问题是什么?"然后的场景就是踊跃发言,每位创业者都有诉不完的苦,一个个的好像比窦娥还冤。答案大多是:"我的产品非常棒,但就是找不到客户""我不知道互联网营销怎么做,怎么才能让客户看到我的产品""我不知道好的合伙人哪里才能找到""就是资源不够""现在就缺钱,其他都搞定了""跟竞争对手拼杀很艰辛,惊心动魄啊""市场变化太快"……这一系列问题、这些痛苦,乍一听无外乎三个方面:人、财、物,反映出的这几点并无新意,即便是世界500强,你看着它们很强大,其实大公司也缺人、财、物,没有一家企业会感觉自身的资源禀赋强大到不缺的程度,作为创业企业更是在资源不足的条件下参与市场竞争,这是一种常态。

2019年春节后我拜访了一位有着20多年创业史的老兵陈总,我是以一名客户的身份去拜访陈总的,她的创业项目是一款叫生命佰草液体牙膏,这个项目是2016年正式注册公司开始的,产品的品牌

第四章　创业观（一）

名为纯元萃，顾名思义是纯天然萃取的意思。问起陈总这款产品的由来，是因为一次她口腔出现了溃疡，她的先生就根据中药配方，调配出了一款液体用于刷牙以及刷牙后的涂抹，使用之后发现第二天溃疡就有好转，且由于是中药配方，没有任何添加剂及化学元素，所以使用十分安全。陈总告诉我，这款液体制品由十八味中药构成，除了无添加剂外，连稳定剂都没放（一般常用牙膏都有稳定剂成分，用于保持牙膏本身的稳定性），的确是一款纯天然产品，甚至内服都可以，不会对身体产生不良影响。有一次陈总在美国出差，巧遇一个美国人，这位老外正逢牙龈出血，陈总就拿出了这款撒手锏。老外开始不信，不太愿意接受中医配方的东西，在陈总一再善意地解释和劝说下，试用了一下，于是奇迹出现了。第二天双方再次见面时，老外竖起大拇指赞叹道"真是神奇，牙龈不出血了。"随后老外还表示想作为投资方投资该产品，将中国的中医配方产品打入美国市场。既然如此有疗效，又有中药配方的独特性，陈总考虑何不做成液体牙膏，作为产品直接与消费者见面，而且根据调研目前市场上没有同类产品，应该是一个极具差异化且有竞争力的爆款。拜访中，我顺势问："陈总，那么于你做这个产品最痛苦的事是什么？"陈总直接回答道："当我真的将液体制品做成产品投放市场时，发现销不出去，不知道客户到底应该是谁？客户到底在哪里？自己的产品如何让客户知道并形成足够的认知？"等等一系列问题困扰着她，陈总告诉我，当时她利用原先生意场上的朋友圈资源推自己的新品作为最新的种子用户，但朋友们都属于面子消费，一时产品销路打不开局面。产品与市场之间的鸿沟如何逾越成为创业的最大痛点。痛点是最说明问题的，给"创业到底是啥"提供了最贴切的答案，**创业是从不确定性中寻找到确定性，创业是将战略问题降维至战术问题，后者是对于前者更加具象化的诠释。**

就以这款中药配方的生命佰草液体牙膏为例，到底属于满足需求还是创造需求？如果是前者那么市场需求是既定的，客群是真实存在的,该产品推向市场具有极高的确定性。因为定义为一款牙膏产品,那么放在传统的商超渠道应该可与我们常用的其他品牌牙膏并驾齐驱。如果是创造需求,那么不确定性确实大大增加了不少,要重新定义客户,重新挖掘需求,重新寻找销售渠道等等。产品小批量产后,陈总推该产品时也是从商场超市渠道开始,因为牙膏的销售就是从商超流向千家万户的,毕竟牙膏是日常快消品,每年市场的销售量是可预估的,也是巨大的。但是实践效果不理想,这款产品的包装是按压式的,有点像我们常用的洗发露;价格是每支98元,远远高于普通牙膏。一般的牙膏即便是大品牌,售价也不会超过50元。商超的货架上突然紧挨着牙膏被放了个液体的、按压式包装的、单价明显高出一筹的新物种,客户不知为何物。除了少数尝新者,总体销量低于预期。很显然,从市场反馈看,客户不认可这是一款牙膏,从"相貌"到"身价"都超出了人们对牙膏的认知。一时就让陈总陷入了困境,这么好的一款产品怎么没人买呢?既然产品这么棒,一定应该有人买,一定是一个大市场的存在。这恐怕是大部分创业者共有的心声,沉浸于对自己产品的好感中。因为产品是每一位创业者心中的"亲儿子"。陈总天然地把自己的产品视作牙膏,是因为这款产品也是用来刷牙的。至于包装和售价也是事出有因。一开始,该液体也是被封装在传统的壳体里,螺旋式的盖子。在一次运输途中,忽然液体自己迸发出来,像是"爆炸"一样。难道"运动状态"会导致"爆炸"。目前市场上所有的牙膏,无论是进口品牌,还是国内品牌,大部分是有化学成分的牙膏,都添加有摩擦剂、凝固剂、发泡剂、防腐剂等,这其中的部分添加物就是为了对牙膏本身起到稳定状态的作用。而陈总的液体牙膏没有任何化学添加物,所以反而"不稳定",当然这也是产品"纯天然"的一种表现。于是陈总特意请了食品包装工程师,改进了包装形式,才有了瓶装按压式的模样。即便是国内很多有名的中草药牙膏,也还是在化学牙膏中添加了中草药的成分,但却没有改变其化学牙膏的实质。化学牙膏中的化学成分通过口腔会被人体吸收,长期使用,可能会对身体造成不确定的负面影响。而生命佰草液体牙膏是用18味国家认可的可食性纯草本制成,高度安全,是一款可以"吃"的液体牙膏,与化学牙膏有明显的差异化。这么好的"安心产品"的研发和生产成本也是相对高的,好产品拥有一个好价格也是理所应当的,于是98元/支应运而生,且不搞打折促销之类的活动。在经历了传统商超渠道碰壁后,陈总从产品本身做了重新梳理。论配方,属于纯天然,无任何化学添加剂;论功能,除了清洁口腔外,对于口腔溃疡和牙龈出血等有治疗乃至预防功效。就凭此两个维度,就比市场上现有品牌的牙膏或带有中药配方的牙膏都明显具有差异化,再加上包装和价格,如果仅仅定义为液体牙膏的话,显然定位上就存在了先天不足。

陈总痛定思痛,尝试着重新定义自己的产品,即中药草本口腔护理产品,并且超前提出了口腔抗衰老理念,注重预防养护大于治疗,生命佰草能通过其融合的18种草本精华持续对牙龈进行养护稳固,让牙龈慢慢呈年轻态,使口腔、牙齿变得自然健康,到80岁时依然可以保留20颗以上健康牙齿。产品定义后,客群画像也逐渐清晰,潜在的客群有两类:一类是有口腔问题的患者;另一类是对于口腔健康有预防意识,对于新产品接受度较高的中青年群体。本着以终为始的理念,准客群定下了,就开始物色可以通达这些客群的渠道资源。经过一番努力搜寻和前期接洽,陈总找到了针对第一类客群的口腔诊疗所和对于第二类客群的聚客效应比较好的线上口腔护理社群和社区电商等。线上线下同步推进,终于打开了销路,2018年的营收近一千万。陈总总结道:"为自己的产品找到客群是成功的第一步,也就是描摹出客群画像。这也是自己最困扰的一个环节,往往也是精力消耗最多、烧钱最多、心里最忐忑不安的环节。当客群找到了,再找到通往客群的现有渠道,发展出种子用户,局面就会慢慢打开了。"在液体牙膏之后,陈总又开始着手开发口腔含片、口腔护理水等配套产品,形成自有的产品系列,也是打造产品壁垒的需要。在直面竞品时,是作为一套组合拳出击,比只通过单品竞争更具杀伤力,同时也是满足不同客户的需求;或者同一个客户的不同场景的需求,比如口腔含片就可以满足"随时随地"这一场景的需求。说起"随时随地",据陈总介绍,世界上在全民口腔健康方面做得非常好的国家是巴西。巴西人有将刷牙工具随身携带的好习惯,每日刷牙3次,且都是在每餐过后30分钟,口腔细菌达到峰值时刷牙,是最具科学性的。开发口腔含片也是受了巴西人习惯的启发,属于超前性、引领性的一款产品,可以填补客户闲散时间的口腔健康需求。以人的时间轴为中心,根据刷牙、漱口、口含等不同形式而打造的产品系列,对清洁、预防等功能全覆盖,尤其对于年轻客群,更是考虑提倡休闲时光利用含片进行口腔养护的理念,这些都是对陈总项目最好的注解。

2019年上半年,陈总作为创业老兵还"赶时髦"地开通了抖音企业号,力求将新产品的信息通过当下年轻人喜闻乐见的形式通达新一代客群。可见**要打造一种极致单品需要的是产品力+渠道力**。遥想营销大师史玉柱的脑白金的广告词,堪称经典,脑白金的一路畅销从一个侧面也印证了广告语是单品畅销的不二选择。由于选择了新营销通路,打造内容又成了新课题。经过团队反复斟酌,写出了新的广告语:"让每一颗牙齿都努力为您工作"。**通过拟人化的手法,非常生动地将纯中药本草牙膏的功效淋漓尽致地表现了出来,凸显了产品的价值和应用场景。**

通过几年的摸索和努力,从2019年开始陈总还不满足于产品系列的打造和优化,开始打造基于互联网的数据入口,即销售系统。原本传统的经销商模式是基于走差价,品牌方关注的是销售量和应收款状况,不太注重经销商销售给了谁,也不注重客户购买的行为、场景等。然而互联网时代的逐步成熟,各大商家都在通过抓数据来打通产业价值链,谁拥有海量的消费数据谁就掌握了市场主动权。虽然传统行业出身,但对于数据价值的敏感度以及打破行业边界建立生态圈的构想驱使着陈总果断开始了数据系统的开发工作。目的就是一个,今后无论通过哪个渠道销售自己的产品,都要求客户通过系统购买,使得自己能够清晰了解消费行为发生的各种特征,逐步形成大数据,更加贴切地了解客户需求以及可能存在的变化趋势。一旦有了数据之后,就可以把现在的渠道商(比如口腔诊所)变为合作伙伴,为其赋能,为其推荐精准客户,为打造商业同盟或生态圈奠定扎实的基础。从客群的确认到口腔护理概念的提出再到产品组合的打造,最后到数据系统的开发等,前进路径走向的逐渐清晰使得陈总对公司的发展更有信心,每一步也更加坚定。

从这个案例我们很清晰地看到一个逻辑,最痛苦的是确认客群,一旦客群确认后针对产品、针对未来项目发展的路径就较容易确定。当客群不确认的时候,陈总面对的就是一个黑洞,不知道自己的产品该卖给谁,这种高度的不确定性恰恰是初创期创业者都会面临的问题。确认客群是一个战略问题,而后续的一切相较而言就是战术问题,所以战略问题就是找到客户,当客户明确了,解决了产品卖给谁的问题,就明确自己到底是在做什么业务,该为谁服务,然后就能制定相应的策略。这是第一关,也是创业初期最难过的一关。

陈春花教授在其《经营的本质》一书第二章战略的本质中开宗明义地指出"一个企业可以走多远,取决于这个企业是否具有战略的思维和能力,战略从本质上讲,就是一种选择,尤其是选择不做什么。战略要求必须聚焦于为顾客创造价值这个点上,这也是企业成功关键中的关键。企业领导者应该专心致志于为顾客创造价值的能力不断成长,根据顾客价值需要来发展策略,让顾客价值成为企业产品的起点、企业服务附加价值的起点、企业策略的内在标准、企业行为的准则。"所以确认客群就是选择了公司服务的对象,也就是找到了公司存在的基石。那么从战略降维至战术又如何理解呢?

当年阿里巴巴集团在最初阶段选择做什么业务,到底为哪个客群服务上有三个选项:淘宝(C2C)、淘宝商城(B2C)、电商搜索。这三个选项是非常重要的,重要点在于可以在三者之间去考虑择其一、择其二,甚至三者都要。因为有选项就意味着有方向,只是选择某一个既符合市场需求,又符合自身资源禀赋的方向。三个方向就是在相对确定性中去选择一个具体的业务方向。试想如果当时没有选项,或者有一百个选项,让一个初创企业在茫茫大海中捞针是什么局面?当年马云就要求成立了三个工作团队,分别独立开展上述三项业务,可以互相竞争,目的只有一个,就是要在尽可能短的时间内通过试错,确定阿里到底应该做哪个业务。后来三个团队经过独立运营和"自相残杀",最终确定以淘宝(C2C)为首选业务。后来的事实证明选择淘宝(C2C)是正确的,一手撑起了阿里在电商购物领域的霸主地位。

我曾经看到过一篇微信推文,是探讨中国为何在20世纪60年代极其艰苦的条件下,在1959年苏联援华科学家单方面撕毁协议撤离中国的背景下,经过我们本土科学家们的努力迅速研制出了原子弹,且研发时间比美英等发达国家还要短的文章。回首历史,美国第一颗原子弹是1945年7月16日爆炸成功,1949年8月29日苏联成功爆炸了一颗原子弹,1952年英国也成功试爆,1960年法国成为第四个原子弹拥有国,我国是于1964年10月16日成功爆炸了原子弹,仅仅三年后,也就是1967年6月17日我国又成功爆炸了氢弹。氢弹的威力比原子弹大很多,被称为原子弹的原子弹。以各国第一颗原子弹爆炸为基准,研发氢弹美国用了7年3个月,英国4年7个月,苏联6年3个月,法国8年6个月,但是中国只用了2年8个月。我国在核武器领域的作为与当时的自身国力对比,与当时同期的他国实力对比都是不太相称的,于是更体现出我们成就的卓越性。一方面,在那个时代举国同心,科学家们的艰苦奋斗成就了事业;另一方面不可否认的是由于美英等发达国家研发成功原子弹和氢弹在先,已经实现了从物理理论到军事科技的转化,已经证明了原子弹和氢弹是可以被研发出来的,这就相当于在战略层面已经有了答案,后面的国家无须证明"两弹"的存在性,需要做的就是投入资源,持之以恒，总会研发出来的。那么后面的国家就具有了后发优势，属于战术层面的事了。也就是说有发达国家在前，后面的国家就有了模板且可复制，无须再去确认方向，无须再去证明方向存在的真伪，借鉴他国或前人的经验就是一种典型的战略降维至战术。

很多创业者在融资时经常会遇到如下情况，如果是面对技术创新类创业项目时，投资人会说："你项目的技术指标做出来了吗？如何证明技术的领先性？"等等；如果是面对模式创新类创业项目时，投资人会说："你项目的客户流量怎样？客户增长率有多少？客户黏度如何？待市场检验后，证明你的商业模式是可行的，我们再考虑投资。"等等。投资人的这些话说明什么问题？为什么要等那么多指标、参数做出来之后，为什么要等商业模式经过市场检验之后，投资人才愿意做出投资决策？其实说明了两个问题：① 那些需要创业者证明的一切属于战略问题，只有待你的战略方向经过实践证明真实有效，投资人才会对你感兴趣；② 战略的确定是最烧钱、最耗成本、风险最大的环节，这个环节大部分情况下需要创业者自己承担。因此即便换个角度，从资本方角度，我们也可以得出一个结论：**初创企业或者说初创期要做的是确定战略方向，而这个重任是最具风险的，谁能有效地把战略降维至战术，尽快摸索出来，谁就赢得了竞争的先机。**

起点

很多创业者都是跌跌撞撞、"稀里糊涂"开始创业的，也不知道自己做的产品到底意味着什么？到底有无市场？到底有无未来？有些是以舆论为导向，认为某个领域预示着未来，所以跟着所谓的"未来"走。有些是基于手头现有的资源，从资源入手，做成产品试着卖，如果卖得出去，相当于实现了现有资源的变现。实际情况远没有说得这么简单，还会涉及行业进入壁垒和资源获得的壁垒等问题，所以对于创业者而言，到底从哪里出发才能真正"上道"？我们可以试图从创业圈中不同群体的偏好或者研究成果中去寻找线索。

　　投资人很喜欢询问创业者的过往经历，比如，学历、工作履历、曾经的成功经验和失败教训、家庭背景和社交圈等。这些关于创业者的相关信息，可以看作是附着在创业者身上的资源，且这些资源都是长期积累的"存量"，因为"存量"决定着一开始会从哪里出发，毕竟创业是严重受到资源硬约束的事情。"存量"也将模模糊糊地预示着未来可能的走向，因为"存量"决定着意识和初始认知边界。从学者端来讲，我见过不同论文对创业，尤其是创业机会的研究。比如，有讨论到底创业是目标为导向还是手段为导向的？目标为导向即先看到了商机，然后集结团队和资源，去实现创业机会带来的利润。手段为导向即手里有什么，就干什么，一切始于足下。走着走着，创业道路也许也就走成通天大道了。前者偏向于洞察力为起点，后者更偏向于务实型。还有学者提出了机会发现和机会构建的观点。前者认为创业机会是客观存在于市场的，创业者是发现了机会，然后创业。佐证在于为何客观存在的机会，有人凭借敏锐深刻的洞察力发现了机会，而其他人却发现不了。后者认为机会是创业者凭借主观能动性，发现市场的潜在需求，创造性地构建出了商机。另外，我在混沌大学的一堂线上课程《卫哲谈战略》中领略到卫哲提出了企业战略有两大源头：用户需求驱动和愿景驱动。前者是自下而上的，一线人员发现市场需求和机会，然后以需求为导向推动开展业务。后者是基于公司战略，自上而下，秉持"因为相信而看见"的理念，由公司顶层设计为主导，筹措资源，尝试性开展新业务。上述三个群体：投资人、学者、大企业高管，给出的答案总结起来看，学者和大企业高管的观点更为接近，无非还是既有目标或市场机会为导向的创业起，也有以主观确认商机为导向的创业。投资人的观点则倾向于基于创业者既有资源或能力为出发点的创业。

第四章 创业观(一)

根据我在实际工作中接触的大量创业者的实际案例来看,**创业起点应当以基于自身既有资源或能力为起点,做尝试性小幅快跑,努力快速发现和洞察出可能进入行业的本质,然后乘胜追击,创出一片事业。既有资源或能力与行业机会之间是相向而行的关系,但基本要从自身实际情况出发创业。如果盲目热衷于赌行业风口,认为热门行业就是自己的创业方向,这与投机的差别并不大,是一种创业方向上的误区。**

创业者要以自身既有资源或能力为起点,并且把此起点作为手段,以用来尽可能快地摸清行业的本质为阶段性目的。同时这里的"快"是相较于市场需求的变化以及对手而言的。所有的一切是由创业伊始的客观条件所决定的,即敌强我弱。所谓"敌",要么是待开发的潜在市场、要么是浩瀚的已有市场、要么是巨无霸林立的行业对手。所谓"我"就是创业初期的几个人、几条枪。双方的力量对比通常是比较悬殊的,即便是如今的创业大佬们也都曾经有过"黑暗"的开端。我曾经在一家创服机构的创始人的朋友圈中看到一席话:"曾经的他们,也许是现在的你;现在的他们,也许就是未来的你;创业不搏不精彩。"然后这位创始人以图文形式罗列了四位大佬的过去。柳传志、马化腾、俞敏洪、王健林等创业初期的"惨痛经历"并非偶然,是创业初期敌强我弱的客观情况所致,几乎没有创业者可以幸免。**所以清醒地认清自己拥有的过去、资源、人脉等现实情况是创业的大前提,一则知道自己从哪里出发;二来避免不知不觉中与对手同处一个赛道比速度。**不同的时代,不同的年份,都会有不同的创业机会和市场关注的热点。比如2012年开始的O2O,2014年开始的共享经济,2016年开始的AR/VR,2018年开始的AI等。对于这些热点都是事中或事后总结的,真正在事前能预计到的人应该不会太多。即便有人能提前预测到所谓的行业风口,作为在该领域没有积累的小菜鸟创业者能够把握住创业良机吗?创业答案虽然从来没有绝对的,但尊重规律就得尊重大概率事件,没有任何的相关经验是很难在新领域中脱颖而出的。柳传志是中科院计算机所出身的,他创办的联想集团属于IT行业。马化腾把握住了互联网这一当时来讲的新兴行业,也是由于马化腾本身是一个计算机迷,毕业于深圳大学计算机系,比其他人更早更有机会接触到与计算机相关的领域。俞敏洪则更为大家所熟知的是,当年他是一位立志要出国留学,但是参加国外标准化考试却一再演绎屡战屡败的人生大戏,最后演绎成自己考试不行,辅导他人考试则灵的戏剧化人生,最终励精图治,成功创办了迄今国内规模最大的民办学校——新东方。从他们的案例中,我们依稀可见,从某种意义上来讲,一个人的创业项目或创业成功与自身的积累有着千丝万缕的关系。这个世界从来就没有无缘无故的事。所以每一位创业者必须重新审视自己,从自身的积累和优势出发。

理论上有个名词叫"资源陷阱"或"能力陷阱",这在创业领域颇为常见,意为当你拥有了某些资源或能力时,就认为自己可以轻松地开展以这些资源或能力为基础的业务,但最终的结果往往与初衷背道而驰。比如我见过一个创业者,自己家里拥有一间商铺,于是就开了个餐厅。因为他认为餐厅的很大一笔刚性且固定成本就是房租,既然是自己的商铺就已经比同行省下了很大一笔成本,拥有了很大的优势。再请几个厨子和服务员,搞个餐厅何愁不赚钱。但是最终这位创业者的餐厅计划是以失败而告终的。即便从成本角度看,虽然房租这一固定成本是省了,但如果不能做到顾客盈门,营收上不去,没有利润的话,只要餐厅每天开门营业,厨子和服务人员的工资也是每月必须支付的固定成本,这些成本随着时间推移,是必然发生且没法减少的。餐厅被人员成本活生生拖垮了,最后被迫关门歇业。在这个小小案例中,虽然一般人考虑到开餐厅这个生意很自然就会想到租商铺这一刚性成本,但是省房租并非餐厅这个行业的本质。商铺的位置可比房租更要紧,大家都懂市口这个概念的重要性。好的市口处在流量聚集地何愁没有顾客。即便是餐厅,麦当劳和全聚德烤鸭是同一回事吗?麦当劳卖的是什么,全聚德烤鸭卖的又是什么？不能因为都是吃的生意，就想当然认为是同一个生意。麦当劳是快餐，卖的是便捷用餐，用餐场景是填饱肚子马上走人。全聚德卖的是口味，是厨师的手艺，用餐场景是朋友小聚，把酒言欢。两者的商业本质有很大的差别，虽然开的都是餐厅。每一个行业都有每一个行业的商业本质，房租绝对不是餐饮行业的本质。即便是餐饮行业，还有快餐、特色菜等细分领域。如果只是单纯从节省成本角度考虑问题，没有把握住行业本质，围绕商业本质去集聚优势资源，是无法成功创业的。生意做大做强靠的是开源，节流是辅助手段，不能本末倒置。如果这位创业者家的商铺所处的位置在写字楼区域，开个快餐店，解决白领的用餐问题，或许是个不错的选择，因为区位优势决定了需求的存在，这与是否节约一点房租成本没有很大关系，省下的房租并不会增加多少餐厅的竞争力。所以当他所拥有的商铺并不是作为餐饮行业的优质资源，与行业本质关联度不大时，这种资源对于进入餐饮行业就没有多少价值，创业者一开始就陷入了资源陷阱，所以才会一败涂地。

我还见过另一个创业者，是学 IT 算法出身的，在银行工作过几年，有着金融企业的工作经验，对银行的客服环节存在的痛点有所了解。随着这几年 AI 概念和技术的盛行，很多服务业都逐渐利用 AI 取代人工服务，从而提供服务效率，同时也为企业节约不少的人员成本。由于他自己懂技术，会编程，于是就辞职创业，立志面向小银行，专攻顾客问答的语音 AI 技术。公司搞了一年多后，技术产品开发的有模有样，但业务开展并不尽如人意。究其原因，这位创业者虽然具有行业经验，又懂技术，但是对于客户需求的深度解读能力有所欠缺。在这个领域内有比他做得更好的对手，这些对手专攻大中银行，取得了丰硕成果，主要是他们大多是银行客服部门出身，对于作为甲方的真正痛点以及银行内部的关联结构等非常了解，再加上技术，赢得客户就如鱼得水。而这位拥有技术能力的创业者，以为技术就是本质，有了技术就可以赢得客户，在实战中以技术为先导并没奏效。

因为技术是手段,能够深度理解客户需求,实实在在解决客户的问题才是目的,才能打开局面。毕竟技术是为了解决问题而存在的,不是单纯技术能级的比拼。况且业内对手的技术也不差,语音技术并非是一种高不可攀高端技术,关键是能够贴合客户需求,对于银行业的深度理解才是关键。所以该创业者不太像一个老板,而更像是一个技术总监;公司也不太像一家创业企业,而更像是一个单纯的技术团队。该创业者也是陷入了能力陷阱,误把技术当优势,当成行业本质。只有当你的技术和对行业的理解做到完美结合,才是立于不败之地的本钱。所以在实际工作中,我也经常能看到一些IT男们纷纷辞职创业,但能做好业务的却是寥寥无几。

上述两个案例,让我们清晰地看到,任何自身已经拥有的资源或能力要与想进入的行业本质贴合度比较高时,这些资源或能力才有价值,才能发挥出较大的效用,成为关键资源。所谓关键资源就是符合行业本质,是做好该行业的核心生产要素,是建立行业壁垒的关键。只有当你拥有的资源或能力能够成为某行业关键资源的时候,才是有效的资源或能力。作为创业者,首先应该审视自己拥有的既定资源,没有资源是无法起步的。然后利用仅有的资源慢慢启动,像滚雪球一般,把小资源滚成大资源,随着资源的积累,搞清楚这些资源能升格成哪个自己想进入行业的关键资源。最后把关键资源不断壮大且实现优化配置,在某行业内扎稳脚跟。**整个过程是一个行动和思考并存的过程,是尽快探索出行业本质的过程,行业本质是精髓,看透行业本质才是企业立业之本。**

三元论

初创企业犹如新生的婴儿,都是非常脆弱的,一开始从绝对力量角度看是没有竞争力的。如果直面已有市场、已有对手,那么基本上是凶多吉少。抛开初创企业,即便是大中型公司之间的竞争,大家达成的共识也是进行差异化竞争才有生存的概率,否则硬碰硬拼硬实力的话,胜负是早已注定的,只是很多时候你没发觉自己处于硬拼的境地。

任何一家初创企业从广义上讲面临的是二维世界,客群即市场;对手即竞品。企业存在的价值就是为客户创造价值,这一点非常明确,但在实践中又很容易迷失。很多创业者对于市场需求的思考往往不多,往往是从自己的理解或者从自己既定的资源出发去做产品,这是创业实践中常有的误区。做企业不是自娱自乐,而是确确实实要发掘市场需求,用高效的方式去满足需求,才能让企业活下来。还有很大一部分创业者很喜欢关注对手。我经常从创业者的BP中可以看到有竞品分析的内容,经常把自己的产品和竞品做对比分析,把优劣势通过罗列几个点加以区分,从而体现出自己产品优于竞品,证明自身在市场上具备存在的价值。做竞品分析的实战意义到底为何?难道只是为了做BP的需要或者只是为了证明自己而证明自己可能拥有的独特价值?竞品既然存在于市场,自然有其存在的理由和实力,竞品具备的产品特征是经历过市场检验的,否则早已变异或被市场淘汰。所以做竞品分析的真正意义在于:

1. 通过竞品存在的特征以及不同竞品特征间的差异去窥探出所属行业的本质以及是否存在行业本质变化的可能与趋势。关于这一点拉姆·查兰在其《求胜于未知:不确定性变革时代如何主动出击变中求胜》提出了经营性和结构性两种不确定性的概念。结构性不确定性指的是行业赖以生存的游戏规则发生的变化,是每个企业尤其是龙头企业必须关注的变化。任凭企业有多壮大,都极有可能在行业结构性变化中因没能跟上时代的步伐而转瞬即逝。比如柯达胶卷败于数码相机。具有讽刺意味的是数码技术本是柯达的发明技术,因为害怕数码技术的应用会摧毁胶卷产品而予以雪藏,最终却被其他公司抢先运用,改变了行业的游戏规则。它会改变产业格局,带来根本性影响。因此,识别结构性的不确定性才是关键。

2. 竞品间特征的差异必然反映出不同竞品背后所能掌握的关键资源能力上的差异以及可能存在的成本结构的差异。比如,海底捞为何那么赚钱？一般让我们能够眼见为实的是优质的服务,所以海底捞被普遍认为的核心竞争力在于不是单纯卖火锅,更重要的是卖服务,比其他火锅店更明显的客户体验是将服务做到了极致。我曾经看到过一个关于海底捞最夸张的段子:"一个客人在海底捞门前等座位,见到马路对面有人吵架,于是海底捞服务员拿了一个凳子给客人,让客人坐着慢慢看热闹。"虽然段子的内容不知真假,却反映出海底捞确实具有胜人一筹的服务水平和理念。不过真正的竞争力并非我们作为客户能见到的,其中有一条优势就是海底捞低于行业的租金水平,海底捞房租成本只占4%。一般行业共识的合理房租成本占比在20%以内。与餐饮巨头麦当劳对比,一家300平方米门店一般年营收在900万元左右,也就是3万元/平方米,租金应该占到7%～8%。可见,海底捞的房租成本比麦当劳还低。他们对物业方的议价能力非常强,是物业方请进来的对象,另外超高坪效也降低了租金占比。

3. 竞品所具备的产品特征是经历过市场检验,是符合市场需求的,这一点非常值得新进入的创业者去重点关注,可以极大地帮助创业者降维。也就是意味着不要去忽略竞品的产品特征,不要刻意地为了差异化而绕开这些点,因为这些特征都是非常体现市场价值的点。如果刻意地塑造产品的其他特征点,是否一定符合市场的需求,是否一定能在自身资源支撑的前提下赢得客户,这些都是未知数。初创企业贸贸然为了避开大企业的产品特征,假装视而不见,去打造自以为是的新产品特征并非可取之举。实现差异化竞争的第一步不是差异化,恰恰应该是共性化,就是先去搞清楚行业的共性特征是什么,在这个行业里企业生存之道的共性又是什么等等。面对竞品不要一开始就虎视眈眈视之为不共戴天的敌人,有良性竞争才是市场常态，也是促进自身学习和发展的外部动力。马云曾经说过："做企业不要老想着杀死谁，而是应当关注市场、关注客户。如果老想着杀杀杀，只可能成为一个杀手，而不可能成为一个真正的高手。"

因此做竞品分析应该首先瞄准寻找共性化，先把竞品当成榜样去学习，琢磨透彻，做到知己知彼，这是差异化的前提。

说到差异化从三个维度来看待：时间、空间、业务。要想在市场上找到属于自己的生存空间，必须在至少一个维度上有特色，能区别于当下的竞品，这是一种极具战略性的思维角度。从这三个维度去寻找差异化的时候，必然要关注市场和竞品。也就说市场和竞品要放在三维背景中去仔细品味，加以甄别。如果把三维比作是一块大的画布，那么市场和竞品就是画布中的具体图像、图案。

电商购物放在现代的商业世界早已不是什么新鲜事了，但是在21世纪初刚刚兴起C2C的时候，显然也是经历过漫长的沉淀期，最为有名的C2C网站易趣和淘宝之争便是经典案例。从时间轴角度讲，站在21世纪初的历史时间节点上看，两家公司心里都很清楚C2C是购物方式的未来，必须先进入市场，做好持久战的准备，最终必将迎来电商春天的到来。显然面对市场，今天下注，明天坚持，后天才可能迎来曙光，这是一种战略眼光的体现。因为创业项目的成功一定不在即期，一定是远期，但远期到底是哪一天，没人能下定论。如果没有熬到曙光来临的一天，那么之前的所有坚持和努力都将付之东流。所以竞争的起点在今天，但胜利可能在后天，甚至无限延长的未来某一天。从线下购物逐步转变成线上购物，这是一种巨大的消费观念、消费行为的变迁，绝不可能一蹴而就的实现。电商购物还有很多问题亟待解决，比如购物体验、信任、支付、物流、退货等一系列的问题都需要解决。今天当我们站在成熟的C2C电商时代看，觉得一切是那么自然，每一个人都在享受电商代理的购物乐趣和便利。但作为电商企业，一路走来却是一路艰辛，当年易趣与淘宝之争最终是以淘宝完胜落幕。现摘录两家简要的发展沿革片段：

易趣

1999年8月18日,易趣网成立。

2002年3月,全球最大的电子商务网站美国的eBay公司注资3 000万美元,与易趣结成战略合作伙伴。

2003年6月,eBay以1.5亿美元全资控股易趣。

2003年7月11日,eBay以1.5亿美元合并了中国最大电子商务公司EachNet(中文名称:"易趣"),并推出联名拍卖网站"eBay易趣"。

淘宝

2003年5月10日,淘宝网成立,同年10月推出第三方支付工具"支付宝",以"担保交易模式"使消费者对淘宝网上的交易产生信任。2003年全年成交总额3 400万元。

2004年,推出"淘宝旺旺",将即时聊天工具和网络购物相联系起来。

2005年,淘宝网超越eBay易趣,并且开始把竞争对手们远远抛在身后。5月,淘宝网超越日本雅虎,成为亚洲最大的网络购物平台。2005年成交额突破80亿元,超越沃尔玛。

在21世纪初,年轻人先步入电商时代时,是从易趣开始的,但后来则逐步转移到了淘宝,淘宝最终在中国市场站稳脚跟,形成了绝对的统治地位。这种转变从业务角度看,淘宝比易趣更懂中国市场,更接地气,易趣则是按照美国模式经营,显然在中国市场遭遇了排异反应。其中有一当年引起广泛关注和热议的,就是在网站平台上开店是否收费的情况。易趣是收取一定的费用的,淘宝则坚持免费开店。中国人显然对于淘宝免费开店模式更为青睐,于是卖家纷纷专投淘宝,作为平台,往往是一端拉动另一端,于是逐渐形成买卖两旺的局面。免费模式确实也给淘宝带来了巨大的财务压力,但淘宝是通过强大的融资能力,从软银资本持续地获取资金,才撑过了电商时代逐步形成的阶段和力拼掉了竞品易趣。这则是从资本角度看,融资能力也是创业企业非常重要的能力,有些时候确实需要靠钱来度过漫漫的市场成熟的时间周期,同时耗死对手。

从空间轴角度看,诞生于上海的两家大学生创业企业则由于起步时间的不同对于区域的选择上、占领上也存在很大的不同。陇爱校园是一家由上海理工大学校友小蒋创立的专注于高校校园品牌推广的创业企业,从2015年公司正式注册成立至今短短4年时间,已经牢牢把握住了上海地区的高校市场,在全国高校市场也占有相当大的市场份额。所谓的品牌推广业务就是帮助各类专注于大学生客群的商家,以各高校为主战场,面广量大地向大学生宣传商家的品牌,涉及衣食住行,样样都有。比如电信公司、乳品公司、日用品公司等。商家的用意在于一方面大学生是一个庞大且稳定的消费客群,另一方面在大学生年轻时就开始培养种子用户的消费习惯。这种业务本身的壁垒并不高,大学生都有机会尝试接个单子,然后在校园内设摊帮商家做宣传,是一项同质化特征很明显的业务,没有什么特别的核心优势或资源可言。陇爱校园从一开始是接二手单,甚至三手单起家,大头利润都是被一级广告商拿掉了,层层分包,到了二手或三手的话利润非常薄,干活也非常辛苦,都是苦活累活,赚的都是辛苦钱。这也从一个侧面反映出创业的一个鲜明特点,就是干别人所不愿干的事,坚持干,只要大方向对,方法运用得当,就一定能干出一开始旁人并不看好的事业来。**大企业做的事往往是画龙点睛,意味着大企业通常掌握着庞大的资源,要么有点睛棒,要么本身是一条龙**。比如,阿里集团有着强大的各项支撑电商的互联网技术,即为点睛棒;同时又有着海量的消费数据,即为龙。**初创企业由于即无点睛棒,又无龙,想要在夹缝中求生存就得避开大企业的围剿,干旁人所不愿干的业务,慢慢占据某类市场的一席之地**。陇爱校园就非常好地诠释了这一条规律。在创始人小蒋的带领下,从原来的不足10人发展到至今100多人的大团队,可以说通过艰苦奋斗,一路艰辛,成就了自己。陇爱校园为了能够与高校建立紧密联系,实现紧密合作,抓住一切可能的苦活累活的机会。2016年开始陇爱校园通过招投标，拿到了由上海市人社局设立的高校创业指导站评估工作的委托代理任务，开始从官方渠道全面广泛地接触高校的双创工作。这项任务繁重而艰巨，单从商业利益角度讲，并非盈利项目，但是陇爱校园还是认真踏实负责地去几乎每一所上海高校对接，将每年一度的评估工作一一落实，受到上海市人社局领导和高校负责双创工作老师的一致好评，也为政府促进高校的创业工作贡献出了创业企业的一份绵薄之力。作为企业，追求盈利是本职，陇爱校园之所以乐忠于不怎么赚钱的政府采购项目去做，是将苦活累活当成了进入高校市场，筑高行业壁垒的手段，为商业化的品牌宣传业务夯实市场基础。试想当下高校双创工作是时代热点，通过政府项目陇爱校园能够非常好地切入进高校，与高校老师建立较为稳固的合作关系。于是各高校自身的一些双创工作也会逐渐外包给陇爱校园来做，陇爱校园在上海高校圈的影响力就此越做越大、越来越深。当形成公司品牌效应后，其他竞品要想进入就非常困难，虽然校园品牌业务本身并没有很高的行业壁垒。当陇爱校园在高校建立了根据地之后，于2019年成立了一家针对大学生市场的致力于影视剧宣发业务的公司：上海丹宁文化传媒有限公司。这一布局是将另外一个演艺行业的某项业务切入高校市场，这是陇爱校园发展进程中的重要拐点，是量变到质变的体现，主要体现在从建立高校根据地向运营学生，满足学生各方面的需求发展。公司的渠道效应开始显现，只要是大学生群体直接消费的产品或服务，都有可能成为陇爱校园进一步拓展业务的机会。如果说创业起步阶段的品牌推广业务体现的是"进入"效应，更多反映出的是"占位"渠道，那么丹宁传媒公司的创立体现的则是"占领"效应，开始占领大学生群体本身的消费市场。表面上陇爱校园旗下多注册了一家公司，是一小步，而从商业逻辑上看则是一大步，是一种质的飞跃。如果还有其他同类公司想与其在同一个区域竞争，很可能已经是两个层面的竞争了，其他公司胜算的可能十分渺茫。

第四章 创业观(一)

在同一个区域、同一个时间上,其他竞品就上海高校市场而言,几乎就难有机会了。由从事同类校园业务的另一位创业者小查创立的得月校园,原本打算在上海市场好好大干一场,但由于陇爱校园起步更早,已占领上海市场,故策略性地避实就虚,创始人利用自身在江西的资源,果断于2018年年末带领团队开赴江西南昌,从南昌重新起步。小查是江西籍的,在南昌具有一定的人脉和政府资源,于是经过深思熟虑,从自身存量资源出发,2019开始与南昌团市委和南昌地区的高校开始合作,也选取了双创工作这一热点作为抓手,参与创业教育和孵化空间方面的工作。很明显得月校园与陇爱校园选择切入市场的手段都是类似的,都是通过承担官方任务,以官方渠道为抓手,进入高校市场,所以两者同质性非常强,如果是在一地竞争必然双方拼得头破血流。小查作为创始人正是看到了陇爱校园由于起步早,暂时性实力强于自己,一点不拧巴不犹豫,离开上海,奔赴自己的主场南昌,就是在空间轴上选择了于自己有利的区域,而不是恋恋不舍大上海,那只会是匹夫之勇的选择。同样的业务、同样的时间,一定要学会舍得,舍去大城市,得到小城市,从空间上去寻找有利于自身的发展市场。**当然在这种选择前,一定需要创业者首先确认避实就虚的物理区域是具有这个市场需求存在的,这在实战中是很容易被忽略的。**有些业务是一线城市有市场,三四线城市尚无形成市场需求;有些业务甚至会是相反的情况,小城市有业务存在,而大城市却没有这种需求,就是所谓的下沉市场。无论如何选择、确定、确认要去安营扎寨的地方有无市场是第一位的,跑错了地方,消耗了大量时间、精力,最终用实际行动论证出没有市场,那将是可悲的结果,因为初创企业基本经不起这样的折腾。创业者不能为了避实就虚而避实就虚,对于业务存在的第一性是一切的前提和根本。

下沉市场是最近比较时髦的一个提法,主要是指把一、二线城市已经成功的项目复制或山寨到三、四线城市去。但是事实上又没那么简单,成功的经验未必适应下沉市场的特点,最大的特点在于下沉市场的客户认知和思维与一二线城市存在较大差异。比如,便宜,这个概念在一二线城市中商家推行会员制,让客户购买商品是可以长期打折。但在下沉市场中客户不会做长远打算,一定要当场打折的便宜货才会买账,所以有些采取会员制的手法在下沉市场是行不通的。比如,如果经济型酒店单店在上海的开店模型在100间客房,所有硬件设备和人员费用等成本列支是按照这个配置对应的。那么在小县城里可能50间客房是经济的投资。上述的差异在于客群规模和密度所决定的。小县城的人员流动小、规模也小,支撑不起单店100间的规模。再比如,大城市里的连锁超市是非常普遍的,但下沉市场大都被夫妻老婆单店占领着各个小区域,就像游击队一样扎根在各个档口。连锁超市玩的是依靠高效供应链下的高周转率。夫妻老婆店模式更像是农民,农民每天的劳作既是上班也是生活,农民的生活成本和工作成本是混搭的,所以平均下来的成本相当低廉。依靠现代企业管理制度的连锁店模式是支撑不起低流量、高成本的运营的。

所以下沉市场的奥秘在于属地化特征的差异,**本质在于小城市与大城市的商业假设前提是不同的,有些方面的差异是巨大的,主要体现在流量和客户认知两个方面**。物理空间的不同,也是更换市场区域另觅创业机会的所在。作为创业者(很多来自于三四线城市)不用一味固守一线城市,可以从自己家乡市场去观察去揣摩。家乡是自幼成长的地方,对风土人情更熟悉,更容易搞清楚当地人们的需求、偏好等。而这些恰恰是外人所无法了解的,市场需求调研是创业的第一步,市场调研便也成为一种壁垒。从自己熟悉的地方起步,避实就虚不失为一种创业的选择。

从业务轴角度看,有些表面现象相同的业务,可能并非同一个业务,差别则是在商业本质上的差异。但是表面现象是非常具有迷惑性的,有时身在其中的创业者可能都会被市场形势带着跑偏,不知不觉中放弃了自己原来的跑道,跑到了别人的赛道,最终落得个无疾而

第四章 创业观(一)

终的局面。在《奇葩说》节目中,马东曾说:"我们常常记得我们在哪条船上,却忘记了我们在哪条河上。"

2019年春节时,我读到一篇名为《情怀再次输给现实!中国式星巴克,如今亏到连租金都交不起》的微信推文。一看题目有点惨烈的感觉,一看内容就更觉得惨烈了。文章讲述的是咖啡品牌雕刻时光逐步走下神坛的故事,并以星巴克作为了对标品牌,做了深入浅出的分析。雕刻时光是来自台湾的朋友庄崧冽于1997年11月在北京开了第一家咖啡馆的品牌名,后来在全国各地的大中城市,比如上海、西安、杭州、大连等地高校多且具有一定文化氛围的地方开了几十家连锁分店。庄崧冽自1993年在北京电影学院导演系求学,典型的艺术范儿,1997年大学毕业后就在北京的五道口区域开了第一家雕刻时光。由于市口就在北大和清华附近,所以吸引来店消费的大多是年轻学子。那个时候星巴克还未进入中国市场,大家还没像现在这样对咖啡的认知和消费习惯。雕刻时光给自己的定位就是"文艺",因此总是开在学生、文化人聚集的地方。没有客人的时候,庄崧冽就在店里放放电影。雕刻时光当时还是为数不多的可以把猫咪养在店里的咖啡馆之一。后来雕刻时光在北京以外地区开店选取的第一个城市就是西安,一个高校聚集度高且具有深厚历史文化底蕴的名城。所以从一开始,创始人庄崧冽就是将自己骨子里的文艺范儿作为雕刻时光的灵魂,也是该品牌的商业本质,通过咖啡馆这个载体卖的是文化文艺气息,这是有别于其他咖啡馆的重大差异化。文化人和文艺青年这个群体具有一种身份认同的心理需求,雕刻时光正好是一个能够满足这个客群心理需求的场所,咖啡、内饰、各类摆设等都是工具,都是载体,营造出了一种特殊的氛围。那个时候著名音乐人李健也会常常光顾,一群文化人、文艺人在雕刻时光聊音乐、文学、诗歌、哲学……店内的书架上,一眼望去满满的各类书籍,透着一股浓郁的书香气。说到这里,在大家眼前呈现出的是一副温馨的雕刻时光特有的经营画面。但是自从星巴克、Costa等知名品牌在中国区加快扩张步伐,在咖啡这个行业搅起惊涛骇浪后,整个江湖开始波澜壮阔了。

雕刻时光也加入了融资行列,然后随着资本的进入和裹挟开始了疯狂的扩张之路。5年时间,门店数量从8家增长到近60家,分布在全国20多个城市。创始人开始感觉不对劲,各类管理问题接踵而来,人才培养、运营体系、供应链管理等等一系列难题层出不穷。原本代表着文艺范儿的雕刻时光,慢慢失去了昔日的光华,与竞品变得雷同,渐渐找不到自身原有的特色。面对资本,一年开多少店,完成多少营业额,给予股东多少回报,这些都放在了创始人面前。原来创始人可以按照自己的意志,想怎么打造就怎么干的经营空间一下子变得狭小。庄崧冽曾感叹说:"刚开店时,我们亲自照顾每一件事,随时送给客人礼物,很有人情味。我们真的没办法把咖啡店当纯生意来做。"雕刻时光在资本介入后,在一段快速扩张后,进入了瓶颈期,在与其他品牌的竞争中也慢慢处于下风,文青眼中的雕刻时光也不再是原来的雕刻时光,或许雕刻时光只能存在于他们的记忆之中了……

雕刻时光的境遇与很多创业企业类似,一开始带着情怀,带着自己独特的想法做业务,做着做着被业界其他的同行以及资本影响,不知不觉跟着他人的节奏跑,最终还是不知不觉上了别人的赛道,自己的特点没有了,强项和优势发挥不出来,进入了竞品的舒适圈,自己的痛苦圈,最终败退。我读到的这篇文章是把雕刻时光与舶来品星巴克做了对比,两者虽然都是卖咖啡,但本质上卖的东西是不同的。雕刻时光原本卖的是文艺范儿,咖啡只是一种导入的载体。星巴克卖的是第三空间的概念和氛围,咖啡也只是扮演一个载体的角色。选择了同样的载体,并不代表就一定是同一个业务,即同样的商业本质。雕刻时光如果不走资本路线,不强求扩张,完全按照自己的运营能力开几家分店,创始人能够安安心心地坚持特色,沉浸于自身的偏好中,把开店当成一种享受,或许才是真正生命力之所在。利用资本

第四章 创业观（一）

助力，走连锁经营的道路与原本的经营思路和需要具备的能力是不一样的。开单店的所要求的能力是把产品做好，把咖啡做得好喝，场景布置显示出自身特色，从而吸引特定群体的青睐即可。庄崧冽在刚开始开店时，店内的沙发、椅子、书架等都是自己亲力亲为去家具城淘的，店内的摆设和软装等都是自己的心意所致，具有鲜明的个人特色和品位体现，非标准化产品所能比拟。其次，开单店与开连锁店相比，对于创始人和企业的运营能力和资源禀赋的要求有很大的不同。单店只需要市口好、产品好。连锁店讲究的是前端整体品牌运营能力，后端供应链管理能力等。这也就是我们会经常看到有很多小餐馆，原本夫妻俩操持得不错，然后就开起了分店，当分店数达到一定数量后，菜品的质量、食材的供应等就会出现问题，最终把整个生意都做失败了。往往创始人意识不到开单店和开连锁店的商业本质已悄然发生变化，一切是那么静悄悄，等生意出现大问题时，悔之晚矣。甚至发生问题，生意失败了，创始人都还未明白失败点在哪里。

所以初创企业一定要非常清楚自己做的到底是什么业务，不能因为表面现象上的雷同，就误以为同行就是同行。同时作为初创者，一定要坚持自己的业务特色，不要被市场或资本轻易影响，不要轻易走上拿了资本快速扩张的道路，因为扩张对自身或企业的要求很可能与之前的经营能力存在很大差异。**有自己的业务特色才是立命之本**。**特色意味着差异化，差异化则意味着非对称竞争，弱者唯有非对称竞争才有胜算的可能。**

1. 俗话说："知己知彼、百战不殆"。一般初创企业是从具体产品做起，同时每天面临的都是困难和琐事，应付事务性工作都来不及，很少会深刻审视自己到底是在做什么业务。然而不确定今天的业务就不了解到底解决困难的路径在哪里，就不了解自己的未来可能会是什么样，就判断不清自己的对手到底是谁……一系列的隐性问题都会埋在现象之下，有时或爆发出来，有时当被发现时已错失调整良机,无论何种情况,都会对脆弱的初创企业造成极大的负面影响。

2. 业务的产生是围绕着客户及客户需求展开的,没能清晰地确定自身业务,从另一个侧面也反映出创业者没有精准地对客户及需求做细致的梳理。此种情况,很可能导致初创企业工作重心和发展方向出现偏离,一旦遇到风险和风浪,初创企业由于没有紧紧把握客户需求这一原点,会招架不住,直接败下阵来。当创业维艰时,需要创始团队对客户及客户需求做再确认,以免失去方向感。

3. 初创企业的资源都是十分有限的,需要一分钱掰成两分钱用,所以更需要明确业务,这是集中有限资源攻其一点的需要,才有可能在局部打胜仗。"集中优势兵力,形成局部优势,打好歼灭战"这是毛泽东兵法要义之一,对于缺人缺资源的初创企业而言,这样的策略非常适用。但打胜局部战争是明确自己的业务,自己到底在做什么生意。

4. 有时明确自己业务的过程是一个重新学习某个细分领域,了解该领域的前世今生,掌握该领域的商业要领和未来发展趋势的过程。我曾经遇到过一位二度创业的小伙伴,为了重新起航,他足足花了半年时间去学习,去钻研电子商务导购领域,他作为一个文科生为此还报读了一个程序编程班,了解IT的技术应用等。然后明确自己业务方向后,再组建团队开启第二段创业历程。

总 结

对于创业,创业者需要从一个高屋建瓴的视角去看待和认知。创业作为一项特殊的,或者说处于萌芽期的商业活动有其

第四章 创业观（一）

必然的规律，顺应规律就必须用科学的眼光去对待。创业初期是以反复试错为手段，尽快选择出正确的方向，尽可能地降低试错成本，这里的成本主要是发现成本和确认方向的成本。方向就是战略，战略不是上市公司、跨国企业才讨论的问题，恰恰是初创企业必须经历的第一步。所以多向竞品学习、多琢磨研究行业本质和发展趋势，找准自己的出发点，从而达到少走弯路、事半功倍的效果，避免死在胜利的前夜。创业，活着是关键，生存才可能拥有未来的一切。意识到选择一个符合市场大势的方向还远远不够，创业者还需要很理智地根据自身先天优势和可能集结到的后续资源，理智地选择一个甚至两个维度去布局真正属于自己的一席之地，筑高墙、广积粮、缓称王。这一切正应了一句老话"人无我有、人有我优、人优我精"。市场和竞品是创业者每天睁开眼就需要面对的，千万不要视而不见、听而不闻。而在时间、空间、业务的大三维世界里，市场和竞品又成为微观世界，是拨弄大三维世界里的琴弦。创业者就像是调音师，具备了魔法般的技艺才能将工具用好用足，在合适的维度里发挥巨大的作用。

第五章
创业观(二)

无论你喜欢与否,生活是一场比赛。懦夫从未启程,弱者死于途中,只剩下我们继续前行。

——菲尔·奈特(耐克创始人)

小幅快跑

影片《一代宗师》中有一段经典的台词。宫老爷子对着叶问："咱们今天不比武功,比想法"。叶问答道："所谓大成若缺,有缺憾才能有进步。"创业比的是想法,也比执行。创业是一种一直在路上的状态,一种持之以恒探索的状态,这种状态因时因地而变化,没有标准答案,永远有遗憾,一直在迭代。创业本就是个局,是创业者自己给自己布的局,但这个局绝不会孤立存在只属于自己。所以必然局中有局,局外亦有局。局是想法的产物,是道,是战略,是功。武功是执行,是术,是手段,是工具,是拳。中国老话说得好："练拳不练功,到头一场空。"不过创业讲究的是实战,非纸上谈兵,故既得练功,也得练拳,相得益彰的关系。功与拳必须都是实践中探索,无捷径可走。所以创业的过程非事前所能完全设定,是在实践中慢慢摸索,慢慢进化而来。创业是在做事当中寻找方向,在方向指引下力求更有效率地做事。创业是以创业者个人为中心,同时与身处的商业环境做互动,在不断反馈之中,不断调整自己的创业姿势,适应环境、利用环境、改造环境,在外界环境中找到自己的生存法则。

MatchU 码尚是钱宝祥于 2016 年 1 月注册成立的大学生创业企业,做 AI 服装定制,成立 3 年以来已经实现日销售额过百万的成绩。站在今天看,成绩斐然;站在今天回望昨天,一路艰辛。钱宝祥早在交大本科阶段就已经与同窗好友开始了创业,先后换过好几次创业方向,才最终定格在衬衣定制领域。2015 年钱宝祥与同学一起做老年人线上社交项目,后来发现老年人大多熟练掌握微信,把微信玩得很溜,不需要其他线上社交工具了。在第一次失败后,钱宝祥顺着"衣、食、住、行"考虑新的创业方向。通过对比,他发现其他三个领域都有明星企业或大佬占位,唯有"衣"存在很大的市场空间,最开始以男士服装搭配作为切入点开始做服装生意,然而做了一段时间,发现很难启动市场需求。**当然第二次创业试水并非没有收获,当他真正慢慢沉浸于服装行业后,学会了站在行业角度看,而不是以自己为中心去揣摩客户需求,于是发现库存才是行业痛点**。库存的解决方案有两种:① 类似 ZARA 这类国际品牌做产业链整合,直接从研发到市场,一竿子到底;② 定制化,以需求为中心,有多少需求,用定制化方式优化产能化解库存难题,往柔性供应链方向发展。于是说干就干,以就业大学毕业生为主要客群,从西服定制开始。由于毕业生找工作面试是刚需,每年都有定量的客群存在,西服等标准服装又是择业和就业的必需品。然而真干起来后,创始团队发现事实很残酷,并非他们想象得那么好,定制西服很难打开局面,上线选择的毕业生寥寥无几,仅有的生意量根本支撑不起运营成本。经过团队的分析,发现西服虽然是刚需,但是属于低频消费,一个人不会买多件西服,且西服定制价格对于刚涉足职场的年轻人而言价格高了点。失败的原因算是找到了,但创业的脚步不能停,又该从哪里找到新的突破口呢?管理学大师德鲁克曾提出创新的七种来源,其中第一条是"出乎意料的事件或结果:意外的成功、意外的失败、意外的外部事件"。大师的真知灼见未曾料想在 MatchU 码尚团队身上应验了。有一次团队一同吃夜宵,某位同事不小心弄脏了衬衣,不经意说了一句:"如果洗不干净,那就要买新的了。"说者无意,听者有意,其他成员一下子开了窍,突然意识到可能衬衫会是一个好的切入点。衬衫定制,单价较低客群可以承受而且单个客户买衬衫不会只买一件,换衬衫的频次也要比西服高,对于男士属于快消品。于是整个团队连夜设计网页和完善线上功能。同时马不停蹄地寻找服装供应商,选择了几款面料后,火速配合线上先行推出 199 元/件的衬衫定制产品。199 元的价格经过实践,证明是一个客户愿意支付的试错成本。因此衬衫定制成为拉新,获得第一批种子客户的利器。一旦客户产生复购后,平台会顺势推出休闲裤等产品。MatchU 码尚增速爆发是在

2017年的"双11",最高的时候一度达到每天1 200单。平台基本保持单点突破的做法,非常坚定的聚焦策略,坚持将衬衣定制做精做细,这种状态一直延续至2018年年中。当初MatchU码尚做定制西装以失败告终,物料、打板、营销等费用总共投了10余万元,这对于任何一个大学生初创团队来说是一笔巨款了。有了那次教训后,团队对于MVP(Minimum Viable Product,最简化可实行产品)思维的运用一直延续到现在。如今公司推一个新的品类、新的功能,都会让项目负责人提出一个资源消耗最小、最为经济的方案进行测试。这种小幅快跑的迭代方式比较适合初创企业,大刀阔斧的方式则是大企业的选项。截止到2019年的半年度,MatchU码尚已经逐步丰富了产品线,有七种产品,从衬衣到西服到内衣再到配饰等,几乎囊括了商务男士的日常必需。一个大学生创业项目白手起家,短短4年时间历经几次创业方向的变迁,做到日销售额过百万的惊人业绩,从来就不是一帆风顺。不断在实践中跌倒,从跌倒中重新寻找方向,从方向中找到立足点。

整个逐步找到创业正确方向的过程,是一个必须站在行业角度,探究行业本质以及当下存在的行业痛点的过程。很多初创者容易犯一叶障目不见泰山的毛病,往往一厢情愿,沉浸于自己的遐想中,沉浸于自认为的自己生产的好产品或好服务中。经常听到创业者抱怨说"我们的产品那么好,怎么就卖不出去?"这是一种典型的站在自身角度以产品为中心的思维方式。然而只有当你站在行业的高度,去审视行业是否存在发展的弊病和痛点的时候才有可能真正觅到商机。这个跟做学问异曲同工之妙,首先学会发现问题的存在。找到待解决的问题是一个迭代的过程,很少有一步到位的状况发生,除了行业老兵辞职创业才具备一针见血击中要害的可能性。商业是一门生意,生意是要通过客户买单才能实现商业价值的,所以新品入市还需要考虑种子客户愿意承担的试错成本,也就是新品的售价。所以我们会看到很多成熟企业新品上市时,都会选择免费试用、买一赠一等五花八门的营销方式,目的只有一个,让更多新客户了解并接受自己的产品。作为创业企业,除了考虑产品,还得考虑初始化的价格,能迈出售出第一步才是王道。对于价格的考量,有时又非一次成型的,可能会经历好多次试错,跟市场进行了充分的互动之后,方可寻找到一个均衡价格。

有个成语叫兵贵神速。创业企业犹如婴儿,本身是非常脆弱的,想要平安度过婴儿期必须要有速度。速度能帮助企业解决很多问题,比如,试错要快,不断改变方向,尽可能快地找到正确方向。同时初创企业的士气非常重要,**速度能帮助团队不断看到希望,对冲掉不断失败带来的挫败感**。这些都是创业实战中得来的经验和教训,非常宝贵。

杠杆效应

最近几年有个短语很火:互联网+,还有一个短语叫+互联网,高校体系还有个名为互联网+的创业大赛。总之围绕着互联网,不同社会体系,不同市场领域都将互联网视之为新的生产力。那么到底互联网+和+互联网有何差异,到底互联网在创业项目中产生了什么效应呢?

滴滴打车是始于2012年的互联网出行项目,时至今日已经在细分领域打败各路高手,甚至击败了美国的舶来品Uber,且在资本力量的助力下成为中国出行市场的巨无霸。在滴滴刚出现的时候,是用来连接乘客和出租车司机的,主要为了随时随地精准匹配,提高双方对接的效率。对乘客而言,可以更方便叫到车,不用站在街头辛苦地挥手招车。对出租车司机,可以更加有效地获得生意,减少司机的空载,增加坪效,从而增加收入。在互联网普遍应用之前,传统的出租车公司也有电话预约,简称电调,可以事先预约好具体用车的时间和地点。从这个意义上讲,预约这一功能并非新鲜事物,早已有之。那么滴滴的优势在哪里?后来滴滴又有了专车,将私家车也纳入"出租"行列,私家车车主也成了司机,可以利用闲散时间兼职的哥,将私有财产变现赚钱。那么商业本质又有了何种变化?

毫无疑问滴滴是一个极具创新色彩的创业项目,**商业模式的创新无非两个路径:要么提高效率、要么创造需求**。任何新物种的出现,都不会逃出上述两个维度,要么具其一,要么兼而有之。滴滴则是兼而有之,所以成为行业无可争议的老大。电调早已有之,但我们作为客户时通常是今天预约明天的车,基本时效是隔天才能获得。滴滴出现后,可以随时随地发出用车邀约,滴滴软件通过算法,迅速做出反应,自动搜索离你最近位置的出租车司机,实现高效快速精准匹配。这项服务让你打车随性为之,大大降低了客户获得出行需求的决策成本、时间成本、精力成本等。对于靠开车为生的司机而言,能帮助自己在最短半径里获客,相比传统的在路上兜圈找客户,则是大大节约了获客时间、精力成本、油费等,一款软件成为专业司机的福音。在这一阶段,出租车司机对滴滴的好感达到了峰值。从商业本质上看移动互联网的应用与电调是相同的,**区别在于滴滴比传统电调的效率高出了很多倍,对于司机和乘客产生了新的极大的交易价值,同时还极大地降低了交易成本**。从客户角度看,提高打车效率肯定是个痛点,在网约软件出现之前,乘客是想不到还能够有这样一种方式,不用等在路边扬手招车,而是用一种可视的、可判断车何时到达,甚至还能选择何种车型的相对确定的、高效的方式打车。这种超预期的打车方式解决了本来路边招车的不确定性,且在解决不确定性过程中是用可感知的方式显示确定性,在解决基本痛点时还极大提高且照顾到客户体验,这才是一种精彩的商业模式创新。

达成效率提高的创新手段在于运用了基于LBS(基于位置服务)算法,竞品间的争夺点也是在于不断优化算法,目的只有一个:推向极致地尽可能高效地实现精准匹配。很显然此时滴滴软件的应用属于＋互联网，也就是在传统出租车后面加载了互联网，帮助提升效率。滴滴软件扮演的角色是在既定的司机和客户间架起了桥梁。在既定范畴内，对于司机和客户都是好事，这个阶段属于＋互联网阶段。但当超出既定范畴后，形势开始发生微妙变化了，也就是悄悄地从＋互联网转向互联网＋阶段。互联网＋阶段的互联网扮演的角色虽然从表面上还是司机与客户间的桥梁，但乘客还是乘客，司机可不只是原来的出租车司机了，私家车车主利用打车软件粉墨登场，干起了兼职，开始有了"抢人饭碗"的征兆。这就是专车，后来又出现了顺风车等形式。私家车中的一个"私"字点明了车子的产权和使用权均归私人所有。当移动互联网和智能手机的应用普及之后迅速撬动了私车作为出租车的供给，增加了准出租车的供应量，极大提供了出行的便利。但是凡事都事出有因，在我们这个时代能出现网约车必然有它存在的支点。如果说滴滴打车软件是杠杆，那么就像易到创始人周航所说"于是我模糊地感觉到可能基于智能手机＋3G网络能够提供一个在云端的虚拟车队的可能性"，那么智能手机的普及应用则是一个支点，当然私家车的保有量也是支点。否则倒退20年，即便移动互联网应用非常普及且成熟，私家车数量有限，也是无法实现网约车现象的。正所谓一个都不能少，杠杆效应也是需要支点才能翘起地球的。所以专车，恰好精准地诠释了什么才叫互联网＋，即以互联网为杠杆撬动了海量的私车资源，极大地扩大了供应量，方便出行。当供给增加时，供给端竞争自然显现，带给乘客更多选择。私车能够体现公共交通的作用和价值也从另一个角度告诉我们，对于乘客而言真正的需要不是汽车，不是单纯拥有汽车的产权，而是拥有汽车的使用权，达成平面位移的根本性需求。**让乘客为使用权埋单，不再为，也没必要为所有权支付更多的费用**。针对客户需求的再确认是一个非常重要的话题，也是商业模式创新的切入点。很多时候我们会因循守旧于固有的产品或服务模式中，习惯了原来的商业思维，对于客户的真实需求缺乏认真独立的思考。关于这一点，有的时候是限于一段历史时期的商业条件所限,有的时候是我们缺乏商业想象力所致。**所以当客户需求被再次提炼确认时,当客观条件具备时,当技术条件满足时,优秀的、富有创新性的商业模式便可能横空出世。**

回想到2012年、2013年时,我曾在出租车上看到过司机同时装着五部手机,即一部手机使用一款打的软件,试图将自己车的利用率最大化。同时当五部手机面对着司机和我时,我也意识到这个细分行业的准入门槛也并非高不可攀,否则怎么可能在同一地域,可以存在五款打的软件创业公司呢。后来发生了一系列的兼并案和舶来品的竞争都共同指向了同一个竞争关键点,即资本。单纯从业务角度看,打的市场容量巨大,是一个高频、刚需的行业,所以足够容纳诸多玩家同时竞技。从行业准入角度,做一款打的软件并非搞原子弹那么难,所以足够让有志于热战的玩家进入。美国的Uber也曾在中国市场刷了一把存在感:

2014年3月12日,Uber在上海召开官方发布会,宣布正式进入中国大陆市场,确定中文名"优步",并与支付宝合作。

2014年10月,Uber在北京推出人民优步People's Uber。同年12月,百度与优步在北京签署战略合作及投资协议,达成全球范围内的战略合作伙伴关系。

2016年6月,昆明成为Uber在中国的第60城。

2016年8月,滴滴出行宣布与Uber全球达成战略协议,滴滴出行将收购优步中国的品牌、业务、数据等全部资产在中国大陆运营,不过优步依旧保持独立运营。

2016年11月27日,旧版本优步APP全面停止在中国提供服务,全面进入中国市场不足三年的Uber正式告别。

网约车的鼻祖其实是中国的易到,成立于2010年5月,比美国的Uber还早3个月。滴滴和快的都是2012年创立的。还有曾在上海区域市场盛极一时的大黄蜂,后于2013年11月被快的并购。时至今日,经历过数年腥风血雨的惨烈竞争,就剩下滴滴一家,足矣证明经济规律和资本力量的强大。让我们来看一下之前几家打的软件公司的融资历史(根据公开资料整理),见表5-1。

表5-1 打的软件公司的融资历史

易到用车

序号	时间	融资规模		投资人及机构
1	2010年5月	天使轮	100万美元	真格基金
2	2011年8月	A轮	数千万美元	Qualcomm、Ventures、晨兴资本
3	2013年4月	B轮	1 500万美元	Qualcomm、Ventures、晨兴资本、CBC宽带资本
4	2013年12月	C轮	6 000万美元	DCM中国、携程
5	2014年9月	D轮	亿元以上美元	GIC新加坡政府投资公司
6	2015年6月	战略融资	1亿美元	携程
7	2015年10月	并购	7亿美元	乐视网(占股70%)
8	2017年7月	战略融资	未披露	信银振华、韬蕴资本
9	2018年4月	战略融资	未披露	蓝巨投资、中信银行
10	2018年8月	战略融资	未披露	赫美集团
11	2019年5月	战略融资	数千万人民币	韬蕴资本

大黄蜂打车

序号	时间	融资规模	投资人及机构
1	2013年2月	A轮	数百万美元	晨兴资本
2	2013年11月	并购	未披露	滴滴出行

滴滴出行

序号	时间	融资规模		投资人及机构
1	2012年7月	天使轮	数百万元人民币	阿里巴巴前高管王刚是天使投资人之一
2	2012年12月	A轮	300万美元	金沙江创投
3	2013年4月	B轮	1 500万美元	经纬中国、腾讯投资
4	2014年1月	C轮	6 000万美元	中信产业基金(领投)
5			3 000万美元	腾讯(跟投)
6			1 000万美元	其他机构
7	2014年12月	D轮	7亿美元	由淡马锡、DST、腾讯主导投资
8	2015年1月	D+轮	未披露	红杉资本中国、国新基金、高瓴资本、正心谷创新资本

快的打车

序号	时间		融资规模	投资人及机构
1	2012年12月	天使轮	数百万元人民币	阿米巴资本、泛城资本
2	2013年1月	Pre-A轮	未披露	普华资本、天使投资人李治国
3	2013年4月	A轮	400万美元	阿里巴巴
4	2013年10月	A+轮	400万美元	经纬中国
5	2014年4月	B轮	数千万美元	经纬中国、阿里巴巴
6	2014年10月	C轮	亿元以上美元	Tiger老虎基金
7	2015年1月	D轮	6亿美元	Tiger老虎基金、软银中国资本、阿里巴巴
8	2015年2月		与滴滴出行战略合并	

第五章 创业观(二)

滴滴与快的合并

序号	时间	融资规模	投资人及机构
1	2015年5月	E轮	1.42亿美元	新浪微博基金
2	2015年7月	F轮融资	30亿美元	中国平安、阿里资本、腾讯、淡马锡、中投公司等
3	2016年2月	战略融资	10亿美元	中信资本、中金甲子、赛领资本、春华资本、民航股权投资基金、中投公司等
4	2016年6月	G轮融资	45亿美元（股权融资）	新的投资方包括苹果、中国人寿及蚂蚁金服等。腾讯、阿里巴巴、招商银行及软银等现有投资人一同参与
5	2016年6月	战略融资	4亿美元	保利资本
6	2016年7月	战略融资	2亿美元	国机汽车
7	2016年8月	战略融资	未披露	中邮资本
8	2016年9月	战略融资	1.199亿美元	富士康
9	2016年12月	战略融资	数千万美元	律格资本
10	2017年4月	战略融资	55亿美元	中俄投资基金、银湖资本、软银、高达投资、交通银行、招商银行
11	2017年12月	战略融资	40亿美元	软银、Capital Mubadala
12	2018年4月	战略融资	2.648亿美元	Mirae Asset
13	2018年7月	战略融资	5亿美元	Booking Holding
14	2019年5月	战略融资	4.57亿美元	丰田

从图表中我们可以得出一个规律，像打的软件这种出行行业除了业务角度外，非常重要的，甚至从某种意义上讲是性命攸关的**关键点是融资能力**，是一个很典型的业务市场和资本市场并举的细分行

业。如果你只擅长优化软件的算法,那么该公司可能只是一个技术研发型的。而想成为行业独角兽企业,必须具备强大的融资能力。**因为在这种壁垒不算太高的行业内,企业发展很大程度上是依靠着厚实的资金作为关键性的生产要素推着走的,资金直接决定了企业发展的速度、规模、质量等。**谁能够跑得够快,比对手领先一个身位,就能赢得市场、赢得客户、赢得赛道的最终胜利。

网约车作为一种满足原有出行需求的一种创新模式,成为出行行业的标杆,通过互联网技术产生的创新效应仅仅只在提高配对效率本身吗?我以为可能还不止于此。从另外两个角度来看网约车创新的伟大之处:

1. 效率创造了新需求。原来不打车的人或因为更加便利、更加省钱得能打到车,也选择了把打车作为出行方式,占据了一部分原来以公交车、地铁作为代步工具的市场份额。

2. 本来对于出行没有准主意的人,因为更加便利、更加省钱得能打到车,选择了出行。

以上两种可能性都体现了**创造市场增量,而非只在存量市场拼杀**。第一种可能性,是在出行市场中,把一部分公交车、地铁乘客拉到了打的圈中,就打的市场本身来说是一种增量的体现,即并非仅仅挤占原有出租车的市场。第二种可能性的想象空间就更大了,即创造了出行市场,把原来不愿出行的"懒人"变成了愿意出行的"大忙人"。**既能够提升存量市场效率,又能够扩大存量市场形成新的增量,还能够进一步创造增量市场,**这样的业务和商业模式上的创新非常难能可贵,也是受到资本市场垂青的缘由。

换个角度看资源

著名的秘鲁经济学家赫尔南多·德·索托在其经典著作《资本

的秘密》中有一则故事关于一个湖的故事。我也经常借用这个故事问创业者:"如果给你一个湖作为生产资料,你会如何打造创业项目?"创业者们的回答基本有这么三种:水上乐园、水产养殖和假酒店。这是大家一窝蜂都会提到的创业方案,主要的原因在于上述方案都是基于水本身的属性,所以方案非常的趋同化。而书中提到了另一种可能性,如果此湖的地理位置较好,处在一定海拔的落差位置上,加上发电机组,就可以把湖变成一个水力发电站。水力发电站是利用水位差产生的强大水流所具有的动能进行发电的电站。同时之前的基于水本身属性的创业方案依然不受影响,照样可以实施。而水力发电站则是一个更有想象空间的创业方案。超出常规的方案设计是因为超出了人们对水属性的常规认知,发现通过加载水之外的物理条件和技术条件居然还可以再造一个提供更具可持续价值的创业项目。要想设计出这样的创业项目对于物理条件的洞察力和对于与水集合创造其他价值的技术都必须有广泛且深刻的认识。湖所处的落差是天然的物理条件,是一个支点,先进的发电机组属于技术范畴,是杠杆。通过支点和杠杆作用,一举撬动了水资源,发挥出了巨大的能量,带给人们超越水本身的巨大价值。**在水电站这个虚拟创业项目中,水的利用价值属于水资源的外生性。水与生俱来的特点则是内生性**。当我们能够敏锐地看到资源结合其他条件或技术能够发挥超越本身属性的价值时,很可能就是一个好的、具有颠覆性意义的创新项目。资源的外生性效用是不易被察觉的,这种外生性是具有很多可能性的。资源可能在某些政策、技术条件等出现时、具备成熟的条件下,几个要素有机整合在一起,产生之前没有想到过或达到过的威力,才有可能成为某一个极具创新性的创业项目。**资源的外生性是要其延伸至另外一个行业且达到另外行业所需要的阈值效应后产生并发挥出巨大能量的**。那么重点就在于另外一个行业的商业本质到底为何?那么当我们面对一个常见的资源,想要寻找出可以利用和发挥出其他极大潜能的时候,还必须时刻关注本行业、他行业的新技术、新动向等,从中寻找到支点和杠杆。唯有支点和杠杆同时出现时,才可以像阿基米德老先生所说过的那样"我可以翘起地球"。

有一句话"垃圾是被放错了地方的资源",可见从某种角度看是垃圾的东西可能换个角度就是可被利用的资源,那么原本的"垃圾"就有可能被点石成金。我看到过两个大学生的创业项目都是化废为宝的案例。

一位来自农村的大学生,毕业后一心想在大城市创业立足,但异常艰难。由于他来自农村,对农村比较熟悉,家家户户都要垒猪圈、建养鸡养鸭的圈舍、建一些小房子等,这是一个现实存在的需求和市场。城市里的旧城改造如火如荼,一个旧小区的改造便会有很多废弃砖瓦等建材剩余,这些建筑垃圾本来就要清理的,如果运到农村去垒猪圈等之用正好是物美价廉的好材料。于是这位大学生发现了这个原本看来是风马牛不相及的商机,联系诸多改造的旧小区、动拆迁的工地单位等,源源不断地获取廉价的生产资料,然后运往农村。本来做这个生意获得建筑材料是一个成本,通过创业者的火眼金睛、化废为宝,成本中心反而变成了零成本,乃至于利润中心。因为从有些工地获取废旧建材是免费的;有些工地处理这些东西本来就是需要花钱,创业者恰好成为处理垃圾建材的外包方,就这一手就能获取利润。这个项目恰好将城市与农村打通了,整个业务流是从城市为起点,以农村为终点。从城市廉价甚至还可以以获得利润的方式获取生产资料,在农村市场大展拳脚。作为一名大学生创业者能有这样的洞察力非常难得,值得学习。

另一位大学生创业者的模块化风衣项目同样是化废为宝的经典案例。每年各类服装厂都会自然留下大量的服装边角料,这些布料处理不但耗费厂家的成本,同时环保也是个问题。这位创业者去服装厂收集各类边角料,然后制作成各种不同风格的服装,由于是拼凑搭配而成,市场上没有同类款的衣服,反而成就了独树一帜的风格,受到大学生群体的广泛欢迎。拼凑搭配就像数学中的排列组合,可以有很多的变化,制成的服装可以有不同的调性,正好满足大学生这一年轻群体的猎奇心理需求,面对高校很有市场。而且从边角料为起点的创业试错成本极低,非常适合大学生。创业者还利用设计图先给潜在学生客户做选择,然后再收集布料制成衣服售出,以定制为导向、预订为手段,大大降低了创业成本和风险。

上述两个案例都是大学生从自身最熟悉的区域、最熟悉的人群出发,以废物利用为起点,撬动和挖掘看似废料资源的另一面价值,以一种低风险、低成本的方式创业,对于大学生如何提高洞察力和看到资源的不同面并加以利用具有非常好的借鉴价值。

除了对资源外生属性的发现之外,对于商业时机的等待和把握也是至关重要的,也就是支点的形成和发现。对于商业的支点,可以是一项政策、可以是自然形成的条件、可以是唤起行业觉醒或影响政策制定的经典著作等。在《求胜于未知》一书中有这么一段话"拉尔夫·内德的《任何速度都是不安全的》对通用汽车的安全问题进行了猛烈的抨击,不仅给通用造成了沉重的打击,甚至还迫使这家当时最大的汽车公司向其进行了公开道歉。该书的影响是深远的,改变了消费者及监管部门对汽车安全的认知,促成了汽车安全的全面升级,一举造就了规模高达几十亿的汽车安全市场。天合汽车公司就是其中的受益者。目前它是福特汽车在安全气囊及其他安全系统方面最大的供应商,同时也是通用汽车的主要供应商之一。沃尔沃借助汽车安全的市场大势,进行了全新的定位,将安全性作为核心价值并大幅度提升了自己的市场份额。"《任何速度都是不安全的》这本一开始名不见经传的书籍到后来发挥了巨大的改变汽车行业的作用后才被认识到作者思想的重要性,而此书成为形成汽车安全市场的发令枪,可以被认为是一个新市场形成的支点。尤其我们国内市场,在经济高速发展阶段存在很多政策性机遇,作为创业者需要时时关注、好好把握。

技术是一个推动世界发展的重要的动力源之一。技术可以改变我们的生活、改变我们的工作方式。尤其在通信和互联网时代,移动互联网技术的普及应用成为推动商业世界,又非仅仅商业世界实现重大跨越的杠杆作用。层出不穷的各类黑科技将一次次颠覆我们的原有认知,在各领域都将发挥史无前例的作用。

我曾在"今日头条"看到一篇报道:2019年7月19日,南昌大学第二附属医院5G+VR医疗教学点进行了全省首次5G+VR技术现场手术示范的转播。通过会议系统,对南昌大学二附院院长刘季春进行了现场视频连线,介绍5G+VR对医疗教学带来的好处,其中手术室全程正常手术。刘季春接受采访时介绍,今天的手术示范教学是一台心脏手术,示教的主要目的是通过5G+VR技术,把手术室正在进行的手术进行实况转播,视野非常清晰、画面也非常逼真,同学们现场观摩,身临其境,比手术室视野还好,效果非常明显。刘季春同时介绍道,南昌大学二附院携手江西联通,共同打造江西第一个"5G智慧医院示范区",重点推出"5G+VR医学指导及受教平台",依托5G+VR医学指导及受教平台,保证8K高清视频的无卡顿高清传输,满足远程实时手术的高清晰、高速率和低时延的要求。同时利用联通边缘云技术,借助AR/VR装置,对特定部位进行实时标记、测量、绘制等工作,基层医生会直观感受3D成像解剖下的组织及器官,为远程MR手术指导、远程手术示教等提供了便利,实现了资源优化配置,既节约了医生的时间成本又节省了患者的经济成本。

未来,双方还将共同探索5G远程手术、5G远程急救、5G移动护理、5G移动查房、医疗大数据、互联网医院等医疗信息化的应用,为下一代智慧医院建设提供模型和方案,努力打造医疗信息化5G融合应用的江西样板。

据了解,2018年4月,国家卫健委发布了《全国医院信息化建设标准与规范》试行版本,文件针对国内二级以上医院提出了对应的信息化建设要求,从最高级的人工智能应用到最基础的信息化窗口,都做了具体的建设要求。

2019年很多新闻报道中都提到了我国在通信领域5G技术上已经站在了世界前列,在5G世界即将全面到来的时刻,各国各行各业都对此项技术可能带来的产业革命和深刻变化充满了期待和想象。而上面的报道凸显了我国的医院已经在与大型通信企业合作和探索道路上迈出了坚实的一步,使建立在5G作为技术的基础设施建设上的在医学教学和未来的医疗实战中的应用以及带来的超越原来的效果方面体现出极大的可能性。同时国家卫健委相关政策精神的出台,给医疗系统利用新技术,实现新变革,带来新的就医体验各方面提供了契机。一个属于社会公共事业中的案例和技术应用就能让我们感受到政策支点和技术杠杆的力量。

3D打印技术也是近年来的一个热点。2019年1月14日,美国加州大学圣迭戈分校首次利用快速3D打印技术,制造出模仿中枢神经系统结构的脊髓支架,成功帮助大鼠恢复了运动功能。3D打印(3DP)是快速成型技术的一种,萌芽于20世纪末期,发展于21世纪初。它是一种以数字模型文件为基础,运用粉末状金属或塑料等可粘合材料,通过逐层打印的方式来构造物体的技术。3D打印通常是采用数字技术材料打印机来实现的。常在模具制造、工业设计等领域被用于制造模型,后逐渐用于一些产品的直接制造,已经有使用这种技术打印而成的零部件。该技术在珠宝、鞋类、工业设计、建筑、工程和施工(AEC)、汽车、航空航天、牙科和医疗产业、教育、地理信息系统、土木工程等各个领域都有所应用。对于C端市场应用的想象空间非常大,应用点在于个性化定制。我们早已习惯了大工业规模化、标准化批量生产的产品,越来越期待符合自己观念、偏好、审美观的产品。个性化、场景化、体验感将是未来消费的新趋势,3D打印技术能满足人们挑剔的个性需求。对于商家,谁能够利用好3D技术,谁便可以改变C端市场的消费习惯,撬动更大的市场。

同样是在2019年,美国科学家宣布了重大科技突破:实时控制纳米机器人。借助光声断层成像技术,实时控制纳米机器人,让它们准确抵达人体某个部位,进而让纳米机器人实现药物递送,或进行智能微手术。纳米机器人非常的小,只有人类头发丝的几十分之一。这一技术成果的发布,被称为史诗级的技术进步,在不同领域、不同行业都有很大的应用空间。在医学领域的应用更是超越人们以往的认知边界。该技术如果能够变成产品,可以当人生病的时候作为载体工具,携带药物植入到人的血管中,到达病灶位置予以精准给药,甚至可以进行微手术,对癌细胞进行精准处理。这将大大超越人们习惯的口服药、外科手术的常规治疗手段。除了治疗之外,还可以帮助我们进行预防,纳米机器人在人体内自由游弋,类似于巡逻功能,对于细胞变化进行及时改造修复,真正做到防患于未然,长命百岁将成为现实。

作为胶卷业曾经的两大巨头美国的柯达和日本的富士,如今柯达公司已在数码相机时代被淘汰,具有讽刺意味的是世界上第一部数码相机却是柯达公司的工程师史蒂文·塞尚发明的,但柯达却未抓住数码时代的机遇。日本的富士公司也看到了胶卷的落寞,并及时改换了行业,在化妆品和医疗领域大行其道。富士胶片控股株式会社于2019年5月8日发布2018财年财务报告。数据显示,公司全年(2018年4月1日至2019年3月31日)实现销售收入219.05亿美元,营业利润18.90亿美元。富士在医疗健康及高性能材料事业领域,由于医疗系统、生物、再生医学、电子材料等业务群组销售增长势头强劲,销售收入达93.60亿美元(同比增长3.6%);得益于盈利能力的提高,营业利润为8.79亿美元(同比增长6.8%)。在富士的传统影像业务中,胶片占比不到1%,而是将核心技术外溢应用到新兴领域。可以这么说,富士的企业史就是一部技术研发和积累史,不断在研发上持续投入,积累核心技术能力,并且擅长应用在了其他行业中,扩大了在其他行业的商业版图。比如,富士在胶卷技术储备中有一项抗氧化的技术。照片之所以会泛黄,是因为被氧化了。人的皮肤,尤其是脸部皮肤衰老、变黑等也是被氧化的结果。于是富士将在胶原蛋白、纳米、抗氧化领域积累的独特技术应用于化妆品上,推出了艾诗缇(Astalift)系列美容产品。再比如,我们知道一般用药都有较大的副作用,主要是由于药物不能精准地到达病灶部位。富士拥有一种被称为"FTD"的自有技术,这种技术原来被应用于冲印照片中,可以在保持胶片所需颜色新鲜和稳定的状态下,及时并适量地将显影所需的成分输送到指定位置,富士利用这一技术进入了抗癌用药的领域。

技术是一个能够创造极大可能性的杠杆,以技术创新为核心的创业是一个必然趋势。国内各高校、科研院所对于技术转移、逐步实现商业化方面的探索正在加速推进。越来越多的投资机构也不再一味锚定移动互联网世界,而是逐渐把投资的触角投向了技术领域。因为大家都看到了技术的力量,技术本身可能出自某一个行业,但却有可能改变其他行业的格局,带给时代异想天开的希望和可能。

既是资源也是杠杆

一个初创企业如何找到属于自己的位置是广泛存在的难题。经常有创业者告诉我:"要求新求变太难了;做创新真的很难……"创业是一个终日面对难题的过程,难是必然的,不难是偶然的。我还曾听创业者对我说过:"如果不通过努力赚到了钱,反而觉得心里不踏实,因为实战告诉我钱不是那么好赚的。"仅仅因为创业之难就不创业了吗?就在创业难题面前止步不前或甘心败下阵来吗?现实就是答案,答案是否定的。一茬一茬的创业者们如雨后春笋、如长江后浪推前浪般不断涌现,他们也不断在思考、在探索如何破局,如何摆脱劳碌命似的创业历程,能够进入正反馈阶段。

有一位艺术院校毕业的创业者小辛,她的公司是承接各类企事业单位活动、庆典、年会等等业务的,属于吃了上顿想下顿、吃完下顿愁下下顿的状态,好像公司谈不上商业模式。于是她一心想把自己服务商的角色转化为内容制作商,想以内容来作为自己的撒手锏,形成护城河,建立核心竞争力。在文创领域大名鼎鼎的上市企业华谊兄弟也是从内容制作商起步,不过后来开始涉足渠道发行环节,这种业务产业链上的延伸举动很明显地证明了在电影行业,内容虽然重要,但纵观整个产业链的咽喉部是在宣发和渠道环节。如果不掌握核心环节,内容再优秀恐怕也难有露脸机会。文创类项目在艺术院校毕业生中带有普遍性,一开始求生存是可以的,毕竟干的是现金流项目,接一单生意做一单,养活自己没问题。但持续接单靠得是持续开拓市场的能力,持续的成本投入,对于艺术生而言就非强项了。小辛的困境带有一定普遍性和典型性,**源于面对的是一个离散型市场,做的又是存量市场的生意**。所谓离散,客户是各行各业、不同阶段的企业,只要有需求,什么活动都承接,缺乏必要的客群归类,所以也就做不出集中度。看上去生意满地都是,奈何无自己的品牌影响力,可持续接活难度大。竞争者也是满地都是,谁都可以来竞标,基本没有行业壁垒。所谓存量市场,企业一般每年都会有固定预算,一定得花,花完即止。如果遇上经济周期或行业周期的下行阶段,企业预算就会降低,当创业企业即便拿到已经降低预算的业务,却与之前客户要求一样的高,又会是怎样的一种体验和感受?总之市场容量相对固定,又是绝对的红海市场,基本上是越做越痛苦。那么什么样的生意具备越做越轻松的可能性?是集中度高的市场。要么该市场具有一定的封闭性,比如,面对大学生的高校市场;要么是能够凭借一定的资源迅速建立壁垒,形成品牌影响力,以品牌力来持续获客;要么勇立潮头,能创造一个崭新的蓝海市场。对于小辛所从事的行业来说,就要设法人为往集中度方面去靠,才有活路。出路:① **把自己的业务当成为其他行业增值的手段或工具**;② **从存量市场向增量市场推进。第二点是以第一点为前提的**。只有当第一点实现的时候,起

第五章　创业观(二)

到撬动其他行业某一个环节的作用时,才有可能让B端客户看到你对他行业或企业产生的增量价值,才有可能增加预算支出。关于实现第一点,可以从区域范围或垂直行业去考虑突破点。如果想要涉足垂直行业,需要平时关注其他行业的变革,只有变革的行业才会有你切入的机会,把原来自己作为外包方的业务作为其他行业变革时企业所需的资源,甚至起到杠杆作用。其他行业,尤其是市场容量大的或贴近民生的行业总是会长期存在的,流量是相对明确的,识别度高,那么当你把自己的业务嫁接进其他行业时不是单纯地以乙方心态接活,而是以为甲方增值的思维,去思考到底对甲方产生了哪些价值,自己又如何去利用好甲方的流量甚至品牌效应,实现双赢局面。

就拿著名实景演出的印象系列来说,这是由张艺谋、王潮歌、樊跃三位共同打造的品牌演出,是一张极具创新的大型文艺表演方式,在全国赢得广泛声誉后,又发展出又见系列、最忆系列、归来系列、知音号等作品。如果按照传统思维,那么这些实景演出应该都属于演艺行业,三位主创导演也仅仅扮演了导演角色。而现实中,三位不仅仅是艺术家,还是成功的企业家,因为实景演出更体现出的是旅游行业的特点,是一个将文化元素嵌入旅游行业的典范。实景演出的第一客户应该是景区(B端),第二客户是游客(C端)。景区需要更多、更丰富、更吸引人的内容,无论何种形式,唯一的目的就是吸引更多的人,留住更多的人。从三位艺术家兼企业家的角度,如果单纯将自己的作品看成是演艺行业,独立卖演出,难度有多大?从作品原创、营销、获客等等,一堆的难题摆在面前。然而结合实景,以景区所在地的传统文化故事为核心,打造大型实景演出剧目,利用的是景区原有的流量,这就省去了获客成本。有流量意味着本身就存在市场需求,需要做的就是利用好流量直接变现。这里的流量即市场的真实含义在于游客出来旅行的目的就是吃喝玩乐,如果将客户价值再聚焦一点,为何选择甲地,而不是乙地,基本上是由于甲地的风土人情或历史文化吸引了游客。旅游行业的属性决定了游客到此就是来花钱消费的,不差钱是基本特征,只要是有好的节目,又充分体现当地民俗风情,支付意愿是相当高的。**景区本身的流量能够转化为实景演出的客群这个变现逻辑是成立的,是因为实景演出符合旅游行业的基本属性,体现了旅游行业的核心价值**。印象系列在创业初期,一下子就降维了,省去了很大的市场调研成本和规避了风险。同时还雇用大量当地农民作为演员参与演出,又解决了演职人员的问题且降低了用人成本。从景区角度,有了新的内容、新的剧目、全新的视听享受,可以最大可能盘活既有客群,即存量市场。好处显而易见:① 演出本身可以赚钱,又多了一个盈利产品;② 留住游客在当地的时间越久,在当地消费的可能就越大,溢出效应会在餐饮和酒店住宿及其他方面体现。如果由于印象系列的号召力,让游客选择旅游目的地时产生了倾向性,则可能带来增量市场。由此可见,无论从内容方还是景区方来说,都有明显的合作共赢的契合点。一种新颖的演出形式,成为为传统景区旅游市场提升附加值的工具,撬动新的市场需求,还带动了一部分当地农民的就业,产生了社会效益,这是当地政府都会欢迎和支持的。在一次电视采访类节目中,王潮歌自己也表示:"有什么比能让农民也能登上舞台表演,同时增加他们的收入更让人兴奋的事呢。"随着印象系列的成功,三位导演与旅游行业捆绑得更紧密了,在为旅游景区赋能的同时,也收获了极大的市场份额和品牌影响力,这也是为何能与其他不同地域、不同景区合作,持续推出其他几个不同系列演出的原因。

平时会我比较关注万达,是因为万达是具有深邃战略眼光的一家企业,创立了很多地产公司的新玩法。2019 年 5 月 9 日的一篇新闻稿引发了我的注意:万达和潮州市正式签约,将在潮州投资建设"五个一"项目。这是万达首次集合集团旗下体育、影视、文旅等重要优势业态,通过一举投下 5 个项目来参与一个城市的转型升级,这在万达过往的投资史上是前所未有的。而由一个企业通过投资,全方位地为一个城市打造全新的城市名片此前也没有出现过,万达此举

第五章 创业观(二)

堪称创造了一个全新的城企合作新模式。万达在潮州的投资模式同样是一种创新,投资建设"五个一":创办"一个活动",每年举办"世界潮人节";打造"一项赛事",每年在潮州举办一次世界级高端体育赛事;创建"一台节目",打造一台以潮州文化为主题的世界级演艺节目;拍摄"一部影视剧",反映潮州文化、潮人精神的影视作品,推广潮州城市品牌,立体化地参与打造潮州城市新品牌。"潮州模式"开创了企业与地方政府从单一到多元的合作新纪元。过去,无论是万达还是其他企业,在与地方政府合作中,都是以拿地建项目或投资一个完全独立于地方政府之外的项目为目标。一旦项目完成,与地方政府的合作也就结束,很难再有后续效应。此次万达与广东潮州的合作,显然已经完全超越了传统思维和僵化的思路,与地方政府深度合作,所有的思路,都是帮助城市如何发展、如何提升城市形象、扩大城市影响力。

万达的举措是**帮助城市增值,抛去过去外包做完一单就结束的思维。而是生意本身能为且持续为大客户(城市或地方政府)带来何种价值的角度去开展业务。对大客户而言自身是一种资源体,在当地能不断创造价值,创造增量价值。如此才能建立与大客户长久的合作关系,也会赢得大客户不断的订单。**

再回到我所接触的创业者中,其实也能找到此类契机,是一些行业本身的结构性变化所带来的可能的商机。从2016年以来随着国家对房地产行业政策导向的微调,各类开发商躺着赚钱的时代一去不复返了。有些处于龙头地位的开发商已经着手以经营人的思维卖房或从已经交房入住业主的生活需求出发提供各类服务。BGY开发了一款APP,其中包含了各类服务,例如,物业管理、家政服务、电商、社区金融、大众旅游等等。我们可以看到开发商转型经营的端倪,这些已经是很明显的行业结构性变化的信号,行业的变革必然会出现很多的商机,作为创业者需要有这样的机会识别敏感度。我遇见过一位做文体项目的创业者小蒙,他的主营业务是举办小型运动赛事、青少年夏令营等。就有开发商 WD、WK 等寻找到小蒙,希望将小区业主孩子们的课外活动作为一项子业务外包给他,让孩子们在小区内就能享受到寓教于乐的服务项目,让家长们在小区内就能找到满足孩子需求的选择。开发商还将小区的裙房资源拿出来,作为举办活动的物理空间。开发商从卖实物房子转型为经营人的生意是一个大的行业变革,这就需要大量的内容填充。很多大学生创业都是文体类项目,就是一个对于开发商很好的内容资源。本来大学生创业搞夏令营等,招生就是一个痛点,成本还高,直接面对 C 端客户,还特别挑剔。现在如果加入开发商转型的赛道,第一客户变为 B 端,借助 B 端,通过专注于自己的内容制作,将已有流量变为客户,商业路径一下子就清晰很多、简单很多。对于类似于小蒙这样的创业者,从原来的服务商变为内容供应商,对于打造垂直领域的竞争力是有好处的,只有聚焦才能积累优势资源。这样的嫁接方式,是一种将自己视为为其他行业增值的视角看问题,摆脱仅仅作为外包方、竞标方的思维。房产行业需要变革是一种必然的,文体类内容创业者需要去思考自己的项目到底为开发商转型经营业主能够创造什么价值、创造多少价值,要在边做外包业务时边去思考,要比开发商想得还要通透,才能实现对其的增值效应,让开发商对创业者产生一种你比他考虑得还要深刻的印象。如此,创业者才真正把"我"变成了"你",形成你中有我、我中有你的局面,自身的价值更能以一种杠杆的方式体现出来。

总　结

　　站在行业的高度、角度去审视创业,从已有的行业需求去寻找切入点。初创企业几乎都是弱小的,以弱胜强自然面对着

第五章　创业观(二)

不小的困难,但是一定是有机会的,大企业都是从小微企业蜕变而来,大企业被小微企业打败,甚至取代也是商业发展的必然。把自己放在一个孤立的角度去创业、去获客不是一个英明的选择,把自己看成已有行业或已有市场的手段或工具,寻找到可以重新撬动既有需求市场的资源,资源可以是技术、可以是原本自己的项目等等。资源对于创业者是稀缺的,也是难觅的。所以对于资源属性的外生性甄别是需要过人的洞察力,谁能够看到他人所看不到的,那么将在资源利用的效率和资源利用的创新方面获得先机。总之要以尽可能"轻"的方式,以借力思维最大程度发挥自己对其他行业或既定市场的边际效用,以巧取胜才是王道。

第六章
创业初期

创业的秘诀是什么?不能乐在其中,就别做。
——理查德·布兰森(维珍航空创始人)

业务为先

彼得·德鲁克是一代管理学宗师,很多企业家都以能拜访到他、聆听教诲为荣。而当企业家们请教德鲁克关于自己企业问题的时候,德鲁克却经常告诫道:"企业家首先要问自己:我们的业务是什么?"这个问题看似十分简单,却是一个关系到企业命运和生死存亡的根本性问题。业务背后的客户是谁?客户到底在哪里?客户到底有没有真实的需求?该需求如何满足?用什么样的方法和手段去满足?企业在选择做这个业务的同时,是否需要放弃其他业务?这些问题并不仅仅是成熟企业需要考虑的,更是初创企业必须想清楚的。初创企业进入的可能是一个存量市场,也可能是一个增量市场。**对于前者需要去考虑用什么样更高效的方式去满足需求,对于后者则需要去验证需求的真实性和满足方法的有效性**。

大部分情况下很多创业者都是从自己的一个技术、一点资源出发,做一个产品,至于这个产品是否能被称为一项业务,能否换来现金流,却未必有明确答案。很多时候创业者做着做着就觉得很累,产品销不出去。但自我感觉又非常好,自己的产品很棒啊,客户应该有这样的需求啊等等,内心充满着以自我为中心的思维。创业者从自身出发做项目无可厚非,但对于确定业务的重要性和必要性却了解不多。创业初期很多事都在做的过程中形成的,创业初期多半是一个试错的过程,确实未必能在短期内形成一项明确的业务,那为什么一定要有确定业务的思维?

1. 创业是为了谋一项长久的事业,企业的生存是因为业务而存在,业务是为客户提供产品或服务的具体表现。没有业务的确立,就没有着力点可言,就像一辆车在没有明确方向的旷野中行驶,在没有灯塔指引的大海中航行。

第六章 创业初期

2. 建设和积累核心能力的需要。阈值效应决定了必须专攻一点方可形成核心能力，正所谓功到自然成。一家企业能否屹立不倒，靠的就是核心能力。这种核心能力可能是多年形成的企业文化、可能是一套完备的内部组织架构和运营体系、可能是一项独一无二的技术专利等等。

第一点是为了生存、为了活着，是当下的必然需要。第二点是为了站稳脚跟，活得更久，着眼于未来。拿就业来说，有些员工在单位里会下苦功，精通业务，有一技之长。有些员工则浑浑噩噩，混日子。等到了行业出现波动，单位传出了要裁员的风声，那些平日里混日子的员工就会胆战心惊，生怕被炒鱿鱼。没有专长就没有底气，在内部，在本单位被淘汰的概率就大；在外部，在行业里被淘汰的概率也大。创业企业也是一样的道理，创始人会焦虑、会纠结，一切源于尚无确立一项有市场需求，值得自己为之长期打拼的业务，同时也没有形成核心能力。有一位创业者曾经向我倾诉："现在比打工时更有一种无力感。我明白努力不一定会成功，但不努力一定不会成功的道理。所以选择创业，我一直告诫自己要努力，但实际情况是有的时候我费尽心力，到头来一无所获。这种付出后还一场空的感觉非常差，让人身心疲惫。我就会想，我辞职创业到底为了什么？没有方向感的努力毫无意义。真实的创业跟原来想的会有很大出入。创业初期就是为了活下去，所以真的是什么赚钱做什么，即便原来想做的业务先边上放一放也是值得的。有的时候为了生存初心也只能先搁在一边，毕竟生存比梦想重要，生存下去才有可能去追逐初心。"这是创业者们心态的一个缩影，创业者经常会把初心和现实发生矛盾时的状况做比较，内心是很挣扎的。这就是创业和就业的本质区别，一个是我要做（理想、养活企业），一个是要我做（为工资）。初创企业如果算小学，往中学发展就是建立核心能力，前提是专注于某个业务。创业者觉得痛苦或心虚是因为尚在确立业务和建立核心能力在途中。这是初创企业发展过程必然经历的，所以并不可怕。创业者都是有自己的初心和梦想才创业的,遇到理想主义和现实主义发生矛盾时,会有一种失去自我的焦虑感。**先做能养活自己的业务、选择未来有前景且符合自己初心的业务、通过业务积累核心能力,是三位一体的事**。每一个小业务的探索是一个小幅快跑、快速迭代的过程。靠着快速迭代,早日确定值得为之全力以赴的业务是坚实创业真正的第一步。

什么算是业务?对于初创企业而言,能产生正向现金流是最低要求,**首先得是一个踏踏实实的生意**。不要好高骛远,不要盲目追逐市场热点,一切从自己了解熟悉的事情做起,一切与自身资源和优势不匹配的项目都是不足取的。如果以融资为导向去选择所谓的风口项目,要么由于缺乏资源支撑,项目自身做不起来;要么在资本的催熟下快速扩张,但创业者很可能会对项目逐渐失去把控力,被资本力量所淹没。如果创业卖三明治+饮料,选个有流量的店址,每天靠卖吃的能有现金流,能覆盖成本,就是一个很好的创业项目。这是最基本的,也是第一维度。然后要搞个互联网或其他的概念,搞成网红店,这就是第二维度。比如,2019年7月27日邀请了18位来自各行各业的写作爱好者来到北京最古老的澡堂——北京双兴堂,进行一场线上线下同题写作比赛,这也是今日头条第二个"无条件写作日"。第一次无条件写作日是在中信书店举办,书店的文学气息、安静的环境、优雅的音乐都能为写作者带来愉悦的写作环境。第二次搞写作比赛居然选在了澡堂,实在是耳目一新,当天共有13万人观看了"边洗边写"的直播,产生了非常好的共鸣效应。不过此事恐怕也就于今日的今日头条可以做,如果换作今日头条在创业初期时做这样的活动,可行吗?以这样的投入和搞怪拉新在初创期吸睛和获客,可行吗?

创业初期,要先做第一维度的事,因为你的能力、资源禀赋等决定了低开,然后再争取高走。一名大二女生小冯在不同学校开起了连锁美甲店,听起来是很平常的生意,并无抓人眼球的新意。但在我

第六章 创业初期

看来却是一个可圈可点的大学生创业者及创业项目。女生都有爱美的需求，美甲几乎算是一个刚需。小冯感觉市场上美甲店的产品并不完全合乎自己的心意，是大学女生的共性问题还是自己的个性化问题？她开始由近及远地进行调研，从自己的闺蜜、朋友再到其他学校女生。一路走过，发现自己的敏感点是有价值的，确实大学女生作为一个20岁上下的年龄段来说，与市场的主流客群白领女士的确存在需求上的差异。于是小冯开始在自己寝室楼下小心翼翼、低成本开起了第一家店，说是店不如说是一个小小的门面而已。不过即便今天我们看到过的如此成功的创业案例许多也都是从门面房或小车库开始的。通过一年多的努力摸索，小冯较为深入地了解了营销、获客、购买原材料、选址开店、招聘员工、提供服务等一系列创业环节后，再进行了小规模扩张。目前她已经在三个不同高校里有了自己的分店，提供的耗材（指甲片）都是根据女生群体喜欢的题材制作，大大提升了客户的复购率。对于一名尚在大学就读期间的女生而已，**小冯最大的亮点是具有了市场概念和调研意识**，这才是一切业务的根基，企业为市场需求而存在，因服务好客户而壮大。同时小冯也是在各类成本相对可控范围内试错，当跑通了商业逻辑后，再实行有限扩张，而非好大喜功式的盲目扩张，打的是一场有积累、有准备之仗。

第二，当能养活自己后，就要力求实现盈利，盈利实现的含金量取决于**是否提供给客户价值且是可持续的价值**。要么同等的价格能购买到更多更好的产品或服务、要么同等的产品或服务需要支付的价格低了、要么价格更优惠与更优质的产品或服务并举。

同样是一位大二的创业者小周开设了名为FC的一家连锁健身房，听起来又是一个传统的不能再传统的行业，跟如今时髦的移动互联网、AR/VR、AI都没啥关系。但就是这个传统行业项目却做得非常扎实，从2017年涉足该行业到2019年7月，也就两年多时间已经拥有了6家健身房的规模，总经营面积大约1.5万平方米，会员数已超过4万。小周只是一位才大二的男生，为何能取得如此骄人的创业业绩呢？

1. 选择错位的区域位置。大牌健身房通常选址在人流量多的中心城区的城市综合体内，小周的健身房避开了与之正面交锋，而是从上海松江区的普通居民小区附近着手，覆盖以家为中心的周边3千米地区。由于健身市场足够大，在客源年龄和性别总体差异不大的前提下，以次区域为切入点照样能获客，这些区域则不符合品牌健身房的开店原则。竞品不会进入的，那就我进入。

2. 品牌健身房是自己拿物业，一次性投入的沉没成本较大，为的是高举高打，开一家店卖会员卡，资金聚拢然后再开下一家店，扩张店的数量和规模是企业经营的模式。小周的FC则是招商模式，即自己先拿下物业租约，然后引入内容方加盟，分摊房租，大大减少了自身开店的先期投入，确保现金流安全。

3. 品牌健身房自己经营细分项目，比如，除了传统的有氧跑步和无氧力量训练，还会有游泳、拳击、操课、瑜伽等内容。由于是自己经营，就无法做到每项内容小而精、小而专，产品细分不够，也就意味着较难吸引不同细分客户买单。而小周的健身房则是采用内容方独立运营，FC入股，内容方自负盈亏的形式。内容方均是聚焦于某一项经营内容的，比如，专攻游泳培训。这种模式的好处在于，加盟的内容方能够聚焦专项产品的开发和提供更好的服务，更容易激发客户的复购率。比如，游泳、拳击等，内容方会同时开设儿童班和成人班。复购率是一项在企业经营上非常重要的指标，反映出的是对客户持续的吸引力，也就说明企业向客户提供了可持续的价值。

4. 盈利模式的差异。品牌健身房主要是卖会员卡和私教课。FC由于内容方是"各自为阵"，所以一般是先购买最传统的以有氧跑步和无氧力量训练为内容的年卡，费用肯定比其他品牌店便宜，也就降低了客户入店消费的准入门槛。当客户入店后，再发现有其他自己喜欢的项目，则再叠加付费购买，形成了不同内容不同付费的模式。如果客户具有购买力且选择了不同健身内容的消费,那么总的支付费用又将高于品牌健身房,增加了 FC 的收入。这种叠加卖内容的方式由于是以"精耕细作"提升产品细分和服务细分的品质为前提的,所以客户是愿意为之付费的。

站在 2019 年半年度的时间节点,小周即将在当年四季度在上海周边的江苏南通和浙江杭州去复制已经较为成熟的上海开店模式,开始长三角区域化布局。可以说,小周的每一步走得都较为扎实,对于身处行业的潜在问题并基于自身创业的优劣势做了充分研究,展开了差异化的布局和竞争策略。尤其小周不是为了差异化而差异化,而是以如何提供给客户目前市场上无法提供的价值为先导,在努力降低自身创业成本的同时,降低客户的购买门槛,且以打造细分产品为抓手提供给客户更多的价值来提升复购率。每一步和每一个环节都有小周的细心考量和执行,并且能够在摸索出具体实操性的打法后开始复制到其他地区,开始从卖产品、卖服务向卖管理经验的方向迈出实质性、尝试性的第一步。

业务的确认是一个战略性命题,创业初期的战略性就是寻找差异,弱小的阶段想要在强手如林的既得利益者包围圈中生存下来,非差异化所不能活。《好战略、坏战略》一书的作者理查德·鲁梅尔特在书中讲道:"好战略通常宁愿聚焦化,也不愿妥协,宁愿集中应对形势中的某一方面,也不会竭力满足所有人的所有需求。"业务针对的是客户,所以去研究、去确认客户及其需求是出发点。**一个产品或服务面对的客户只是一种或一类人?会不会存在第一客户、第二客户,甚至更多客户?即便一类客户,需求也只是一种吗?**会不会存在显性需求、隐形需求,甚至连客户自己也说不清的需求?这些问题都要去思考、去甄别。

再拿滴滴打车这个案例来稍做分析,一款打车软件的客户是谁?既然名为打车软件,那么打车肯定是一个中心需求。打车是一个高频刚需,乍一想,乘客肯定是第一客户。既然配对司机,那么出租车司机也算是客户之一。私家车司机后加入赚外快大军,同样也成为客户。但是打车软件公司为了获客,给予司机和乘客两端补贴,还给优惠券等等促销手段。大量的运营费用和补贴,实在让人看不到在哪里赚钱?如果不赚钱,这项业务如何可持续?对于司机和乘客,作为一款软件确实也带来了价值和超越认知的打车体验,但盈利模式似乎并不显见,一直靠融资支撑也非长久之计。舶来品 Uber 在美国本土是向乘客收费的,这个逻辑是完全成立的,既然方便了乘客,提高了打车效率,收费则是天经地义的。到了中国好像这个逻辑变了,打车居然还能给补贴,不但提供了便捷,还帮你省钱。从 2012 年开始滴滴等打车软件大行其道的那几年,补贴获流量是一个常规做法,流量才是打车软件的终极目的。这个流量是由于打车需求带来的培养使用移动支付习惯的目的所在。所以当年的滴滴和快的有两家互联网巨头的投资方腾讯和阿里,背后的微信支付和支付宝则跃然幕前。这么一来,打车成为获得移动支付客户的流量入口,那么移动支付则成为打车软件的客户。使用移动支付的客户越多,通过移动支付这项业务获利的可能就越大。这种交叉补贴式的盈利模式就有可能涉及多类客户,且不同类客户的需求还不同。

谈到需求,一般功能性需求为显性需求,不同商家通常都知道,满足客户后,也不会带给客户太大的兴奋感。心理性需求为隐形需求,为带给客户超预期的体验,更容易打动客户,建立长期黏度。当乔布斯以手指代替鼠标为理念,把施乐公司研发的触屏技术应用于手机上时,带给客户的则是一种超预期的体验,让客户意想不到"原来手机还可以用这种方式使用"。如果说诺基亚时代拼的还是从产品到技术的话,那么苹果手机出现时则意味着竞争已经迈入拼体验的时代。创业界很喜欢讨论"为何海底捞学不会"的话题,都认为海底捞的服务是火锅界的创新和标杆。当其他火锅店在批食材时,海底捞拼的是服务。海底捞的员工可以为食客提供擦鞋服务等,这些都是在客户隐形需求上做文章,促使这一行业的竞争规则发生改变。

第六章 创业初期

满足需求必须要有黏度,这样客户才不容易离你而去。有需求,你提供的产品也能满足客户需求,但客户是否都心甘情愿付费呢?有一位二次创业的老兵做了一个以不让老年人孤独为价值主张的微信小程序,旨在提供老年人喜闻乐见的视频、讯息等,同时也联合了多家生产老年人相关用品的厂商提供购买服务。这个项目历时一年多,自有资金烧了100多万,在尚无盈利模式的情况下,又开设了陪聊服务,想以更加人性化的服务来收取服务费。总体上收费效果并不理想。试想老年人群体的思维和行为方式有何特点?老年人是"紧衣缩食"的群体,别说娱乐性消费,有时甚至连看病这类刚需很可能都是能拖则拖,不愿意花钱看病。"节约"意识在医疗健康领域都会一览无余地体现出来。这是这一群体特有的思维,他们对于钱的认知、消费的认知有点"吝啬"。**归根结底是价值判断的问题。当需求存在,当需求也能被满足时,价值判断这个环节如果出现卡壳,就没法从市场需求过渡到盈利模式,也就无法形成一项明确的业务。**面对缺乏付费意愿的客群是很难做起业务的,所以在选择目标客群时需要研究的不仅仅是需求和满足方式,还得关注他们的价值判断。对于老年人群体是否就一点没有生意角度的希望呢?也未必。老年人对自己"吝啬",但对于孙辈却是非常"慷慨"的。这恐怕是属于我们中国老年群体的特有现象,他们总想带给孙辈最好的产品。如果选择老年人为客户,小孩子为用户的一款产品,很可能就很有生意前景。

价值判断分为三种:① 对满足自己需求产品的价值判断,这是针对具体产品的,很多时候市场不乏产品,客户是在多种产品中做选择,差异化的重要不言而喻。② 对某一群体,是否愿意为其买单的价值判断,这是对人的。③ 再比如,吃得好有利于健康,客观上符合大众利益,但前提是推出健康产品的公司选取的客群已经满足吃饱需求的,否则肚子尚未填饱,产品对健康再有利,客户在做选择判断时也不会青睐吃得健康的产品。这是针对客户自身实际情况下的优先级判断。

业务价值的实现

我有一位企业家朋友在参加完一次为期三天的培训后,跟我分享了受训心得,讲了课上的一个案例:"有一个啤酒品牌,打入新疆市场已经有几个年头了,销售业绩一直不是很理想。于是集团公司只能以更换区域老总的方式应对窘境。前几任老总一直在不断寻找客群,也一直在转换不同的销售渠道做尝试,但销量依旧平缓。当换到第三任老总时,奇迹出现了,啤酒的销量终于拨云见日般直线上升,一改往日的颓势。究其原因是找到了精准客户,一类是种植和收割棉花的农民,另一类是建筑工人。这两类客群对这个啤酒情有独钟,非常爱喝。"我就问这位企业家朋友:"该啤酒公司的几任老总是否调整过自己的产品?"答:"并没有。"啤酒作为一个单品,主要解决的是产品力和渠道力。啤酒作为酒类产品,与其他酒相比,比如白酒,存在差异吗?卖的是一样的东西吗?我们只要做个有心人,关注一下电视、平面广告,很容易就能得出结论。白酒广告,通常都讲的是故事,比如,涉及友情;把酒化为共叙友情、兄弟情的载体。有时讲的是历史,白酒的由来代表着某种悠久的文化或承载着某位历史名人的一段佳话等。饮用白酒的客户多半年龄稍大,很少见到年轻人爱喝白酒的。白酒消费的场景一般是宴请,乃至国宴等正式场合居多。啤酒广告通常突出的清爽、泡沫等。一对比便知虽然同为酒,但酒和酒是不一样的,卖的内涵不同,决定了客群的不同、销售渠道的不同、消费场景的不同。虽然同为酒,但又好像是两种截然不同的产品。这就是产品本质的差异,啤酒卖的是口味。如果同样口味的啤酒想要占领市场,恐怕就得在类似的渠道大做广告文章和销售。如果想要差异化竞争,得先找到客群,再找到通往客群的通路。上述啤酒的案例之所以后来销量能有所突破,我猜想第三任老总深谙口味的重要性,要么直接在寻找与自家啤酒口味雷同的其他品牌,对标客群和销售渠道;要么直接不断试错的方式寻找客群,一旦找到,立即依赖通路打入。试想由于产品本质的差异,会决定选择的价值主张、客户关系、销售渠道、供应商等等一系列要素的差异,而这些要素整合在一起体现出来的称为商业模式。**商业模式从表象上看是一种相关利益者之间的交易结构,本质上是资源再分配后所能产生的更高的效率和更大的交易价值。**或者换一种说法:**产品或服务的本质决定了卖的是什么。"卖的是什么"将决定怎么卖。"怎么卖"决定了商业逻辑,这种逻辑就是商业模式。**说得再通俗一点,为了实现把产品卖出去,创业者要选择一种行之有效的打法。就像踢足球一样,面对对手的不同风格,就可能选用不同的阵型,比如,442、433。商业模式是用来实现业务价值的,业务价值必须找到一个切实可行的商业模式来助其实现,前者是隶属于后者的关系。一个业务会有一种商业模式与之对应,就像一把钥匙和一把锁的道理。同一种商业模式也有可能可以去实现不同业务的价值,当然这取决于业务想实现什么样的价值。有些业务价值为了扩大市场和市场占有率;有些业务价值为了扩大销量或销量的增长率;有些业务价值为了夯实基础,着眼于业务的可持续性。**不同的业务价值会形成不同的资产价值,资产价值又将决定资产价格。资产又通常在资本市场得以变现,资产价格就是变现的具体金额。**法国经济学家让·巴蒂斯特·塞耶认为:"从本质上说,资本从来都没有物质的实体和形态,因为它不是产生资本的那种物质,而是那种物质产生的价值,而价值是无形的,没有任何实体特征。"这是为何我们会看到有些没上市或上市,但仍无盈利的企业市值很高的重要原因。这也是为何我们会看到有些创业企业运用的商业模式旨在扩张市场份额、扩大流量而不惜一切代价的重要原因。

近几年有两家非常火的互联网企业都是在成立后短短不超过三

年的时间里在美国上市,且在上市前的市场估值都已位列独角兽行列(表6-1和表6-2)。

表6-1 拼多多发展史

序号	时 间	拼 多 多		投资人及机构
1	2015年4月	天使轮	未披露	孙彤宇、丁磊、王卫、VIVO创业人段永平
2	2016年3月	A轮	900万美元	胡泽民、高榕资本、IDG资本
3	2016年7月	B轮	1.1亿美元	新天域资本青山控股、光速中国、MFund魔量资本、高榕资本、凯辉基金、腾讯投资
4	2016年9月	战略合作	未披露	拼好货
5	2017年2月	C轮	2.13亿美元	红杉资本中国、高榕资本凯辉基金、腾讯投资
6	2018年4月	D轮	13.69亿美元	红杉资本中国、腾讯投资
7	2018年7月	IPO上市	16亿美元	公开发行

(注:根据公开信息整理)

2015年

9月,拼多多正式上线。

12月,拼多多用户数近2 000万,首次进入iOS排行榜。

2016年

2月,拼多多用户数突破2 000万。

6月,拼多多问鼎腾讯应用宝星APP榜5月榜。

9月,拼多多登顶IOS购物APP免费排行榜。拼多多、拼好货宣布合并。同月,拼多多宣布用户数破亿,月GMV超过10亿,日均订单过百万。

10月,拼多多周年庆活动首日,单日交易额超过1亿元。

第六章 创业初期

11月,拼多多迎来了"双11"当日GMV2.057亿的单日新纪录。

12月,拼多多月GMV超过20亿。

2017年

3月,拼多多月GMV超过40亿。

2018年

4月,拼多多完成了新一轮融资,金额在30亿美元左右,估值接近150亿美元,投资方包括腾讯、红杉,腾讯为领投方。

6月,拼多多正式向美国证券交易委员会(SEC)提交招股说明书。

7月,该公司计划在16美元/股到19美元/股的价格区间内,发行8 560万股美国存托股票(ADS),腾讯和红杉资本拟在IPO中分别增持2.5亿美元。

7月,拼多多在纳斯达克挂牌上市,并通过远程在上海陆家嘴举行敲钟仪式。拼多多IPO定价22.8美元,相当于288亿美元市值(约合人民币1 952亿元),创下四年来最大中概股IPO(表6-2)。

表6-2 瑞幸咖啡发展史

序号	时间	瑞幸咖啡		投资人及机构
1	2018年7月	A轮	10亿美元	大钲资本、愉悦资本、君联资本、GIC新加坡政府投资公司
2	2018年12月	B轮	2亿美元	中金公司、大钲资本、愉悦资本、GIC新加坡政府投资公司
3	2019年4月	B+轮	1.5亿美元	BlackRock
4	2019年5月	IPO上市	5.61亿美元	公开发行

(注:根据公开信息整理)

2017年6月公司注册。

2018年

1月,北京上海试营业。陆续在北京、上海等21个城市试点布局。

5月,正式营业。瑞幸咖啡累计完成订单约300万单、销售咖啡约500万杯,服务用户超过130万。

7月,宣布进行新一轮融资后,瑞幸咖啡已经投入超过10亿元人民币,其中大部分用于用户补贴。

8月,宣布进军轻食市场。全国所有门店所有轻食一律五折优惠,并宣布年底前将在全国建成门店2 000家。自运营以来已完成门店布局809家,服务用户350余万,销售杯量1 800余万。瑞幸咖啡已经推出了各类轻食产品,包括麦芬、三明治、羊角面包等。

12月,瑞幸咖啡上海新世界大丸百货店正式营业,宣告第2000家门店诞生,也标志着小蓝杯2018年全年开店计划提前一周完成。截至2018年12月31日,瑞幸咖啡在全国22个城市开店2 013家,其中,实体门店1 897家,外卖厨房176家。终端消费客户为1 254万,销售了8 968万杯。用户三个月的复购率大于50%。

2019年

1月,瑞幸咖啡宣布将在全国新开设2 500家门店,门店总数将超过4 500家,在门店和杯量上全面超越星巴克。

2月,瑞幸咖啡宣布,4月底前将陆续入驻石家庄、沈阳、贵阳、珠海等18个大中城市,加上去年开业的22座城市,届时全国入驻城市数量将达到40座。

5月,确定IPO发行价,5月17日挂牌上市。

这2家新锐上市企业有两个共同点:① 从创立到上市可以用"神速"来形容;② 直到上市及之后一段时间(截止本篇写作完毕)仍未实现盈利。

拼多多的业务本质是去库存,解决产能过剩的行业痛点,采用的是F2C的团购商业模式,避开大城市,主打下沉市场。由于斩获了超过四亿的客户流量,让淘宝和京东都为之震撼,毕竟原来这些海量的客户在拼多多出现之前还无如此的平台可以来满足其消费需求,也

第六章　创业初期

没有出现过一个互联网巨头能为产能过剩的企业解决产能问题。

瑞幸咖啡玩的是典型的互联网打法,花钱补贴烧流量。当然很多文章评论时也有说瑞幸咖啡的强项是通过后台数据在支持运营,尤其在线下门店布局时更是如此,是一家数据驱动的现代化企业。至于它的业务本质是什么好像还是谜一样的存在。瑞幸咖啡创业初期依靠强悍的促销手段,比如买一杯第二杯减价;大量的补贴政策,相比较星巴克便宜很多的价格优势等,捕获了大量的粉丝客户,短期内你会发现身边的同事或朋友手里都会多拿着一个小蓝杯。高性价比、轻奢、咖啡中的小米手机等,成为瑞幸咖啡的代名词。虽然起盘很快,但通过公开渠道能看到的都是亏损的信息。这在商战中这也并不稀奇,战略性亏损也会是一种策略选项,为的是先迅速占领市场,占领客户心智,形成相对垄断和规模效应,为之后深耕和经营客户打下厚实的基础。瑞幸咖啡是否能在业务市场上扭亏为盈,向上的拐点可能会在哪里?从过去的电商或移动电商的经验来看,一般在一个单品吸粉之后,会增加产品。瑞幸咖啡先是卖咖啡,后增加轻食、小面包,甚至还增添了小鹿茶细分子产品品牌等,为的是增加营收,确保高增长,尤其上市后需要对投资者有回报、有交代。但在我看来,企业的根本还是客户,要想达到实质性的上升拐点,有两种路径:① 在咖啡消费的存量市场上,越来越多的客户成为瑞幸咖啡的粉丝,并且除了咖啡,还开始消费其他产品,使得瑞幸不只是卖咖啡的公司,而是某种场景下"吃喝"平台,瑞幸的价值体现在咖啡存量客户从单一咖啡消费转化为多品类消费;② 激发产生了增量市场,原来不喝咖啡的人也由于被瑞幸的调性、便捷所吸引,开始到瑞幸消费咖啡及其他产品,或者即便不买咖啡,消费其他产品,瑞幸的价值体现在撬动了增量客户,从而扩大了业绩增长。前者重在客户的复购,后者重在增添了新的客户。如果这两种情况发生一种或两种都发生,那么从业务市场角度瑞幸咖啡就真正在市场上站稳脚跟了,实现跨越式发展了。当然根据某些媒体报道的,瑞幸咖啡是一家数据驱动的管理公司,这种数据驱动或也有可能成为一种核心能力,或者在积累这种能力时所产生的某些互联网技术也是有可能成为极有价值的资产。就像如今的淘宝,说起核心能力,恐怕目前市场上很难找到一家电商平台能够在那么大的交易量冲击下,确保交易和支付的安全和稳定。这种幕后的技术实现是非常有价值的资产,在全球范围内恐怕也是首屈一指。

拼多多和瑞幸咖啡的创始团队均为互联网老兵,精准有效的互联网打法造就了快速增长和上市神话,从这个意义上讲,配套业务的商业模式取得了阶段性的成功,能否在上市后业务更上一层楼或商业模式发生新的变化,让我们对这两家神一般存在的创业企业拭目以待。

还有一家号称要通过互联网颠覆传统行业的创业企业就没那么幸运了,没能坚持到上市,该企业就是曾经火爆一时的,想利用互联网颠覆和改造传统房产中介行业的独角兽:爱屋吉屋。先来看一下该企业的发展史(表6-3)。

表6-3 企业的发展史

序号	时间	爱屋吉屋		投资人及机构
1	2014年6月	A轮	数百万美元	高榕资本
2	2014年9月	B轮	数千万美元	高榕资本 顺为资本
3	2014年12月	C轮	数千万美元	Temasek淡马锡
4	2015年5月	D轮	1.2亿美元	GGV纪源资本、晨兴资本、顺为资本、高榕资本
5	2015年11月	E轮	1.5亿美元	Temasek淡马锡、高瓴资本、晨兴资本、高榕资本、顺为资本、GGV纪源资本

(注:根据公开信息整理)

第六章 创业初期

爱屋吉屋成立于2014年2月。

2014年年底,爱屋吉屋在上海拿下整租市场28%的市场份额,跃居第一;

2015年,爱屋吉屋经过的房产交易额是400亿人民币,成交了超过2万套房;

爱屋吉屋从A轮到E轮只花了一年零三个月,总融资超20亿元。有关资料显示,2015年11月拿到E轮融资,曾一度被称为"二手房行业颠覆者与革命者"。

2016年开始爱屋吉屋在北京和上海的市场占有率均开始不断下滑,开始逐步关闭门店撤退。

从2017年开始逐渐在房产中介行业消失匿迹。

一家曾经上升势头强劲的企业为何会像过山车般上下起落?胜败乃兵家常事,企业经营遭遇失败也不例外,是有诸多因素导致的。但爱屋吉屋的失败还是有章可循的。爱屋吉屋创立伊始就通过典型的互联网打法,即补贴烧流量,大大降低佣金额,吸引了大量客户,流量上升非常快。那么大的流量却未能转化为有黏度、有忠诚度的客户。原因有二:① 二手房交易是一个刚需、低频、重决策的业务;② 线下传统的中介店解决的是信任问题,也是由于重决策这个元素决定的。换而言之,线下二手房产中介的行业本质是解决上下家交易过程中相互间的信任问题。爱屋吉屋,无论用什么技术手段,无论用什么经济补贴手段,能否解决信任问题才是关键点。对于线下二手房产中介,我们应该都不陌生,无论是买卖房屋还是租赁房屋,都会去找线下店。由于看得见摸得着的门店加上服务,使得上下家建立一定的信任感,又由信任产生效率,才能够实现最终成交。那么通过互联网能否解决这个关键点?从爱屋吉屋这个案例来看,并没有能解决这个问题,故最终导致失败。**任何业务都必须遵循行业本质,并非通过某些看似高效甚至时髦的手段就能"为所欲为",任何背离行业本质的商业模式都无法支撑业务价值的实现。**线下二手房产中介行业是否会永续存在呢？也未必。既然行业本质是解决信任问题，那么当信任门槛降低，上下家信息和交易手续更为便捷的情况发生，那么行业向下的拐点就有可能出现。2019年上半年上海浦东新区和徐汇区的房产交易中心已经可以提供自助服务，只要出具个人身份证便可以进行产调，了解上家房屋的情况。这就是政府在为进一步规范市场，增加信息透明度的有力措施。如果未来促进信息对称、交易透明等方面的措施逐渐推出和完善，今后上下家可以减少对房产中介的依赖度，甚至可以自行交易，那么总有一天会倒逼线下二手房产中介行业进行行业重构。旧有的行业规则就会被打破，新的游戏规则将被树立起来。

认知偏差

《投行思维：商业模式创新及实现的经营逻辑》一书中有这么一段话"在选择创业前，方向比商业模式更重要；在创业过程中，商业模式的打磨比埋头苦干更重要；对于企业运作来说，无知和弱小不是生存和发展的障碍，尤其是对于资本杠杆运作来说，非理性和金融法律知识的严重缺失才是最大的危机。"

然而在实战中，创业者往往不知道自己到底是在做企业、做业务还是在单纯打造商业模式。对于上述三者的认知和选择往往是缺失和模糊的。创业必定注册企业，所以做企业是天生的。创业者必定是有一个值得自己做的事情，才会创业。这个可做的事是否一定是一项业务还很难说。**业务和商业模式是一一对应关系，商业模式则是针对某一项具体业务而言的，并不是针对企业的**。初创企业往往只做一项业务，这个时候企业和业务几乎是一回事，在谈商业模式时，凑巧即针对了业务，也针对了企业。但当企业做两个及以上业务时，创业者还是按照老一套方法做，就会觉得不对劲。当延伸出第二

第六章 创业初期

业务时,创业者自己往往是不知不觉的。因为对于三者的认知几乎就是盲点,需要消除的盲点在于业务和商业模式两者之间的误区。假设某位创业者由于掌握秘方,开了一家餐厅,靠着高品质的口味赢得了客户,在区域范围内成了网红店。既然一家店可以这么火,那么在不同区域多开几家,形成连锁品牌岂不是更好?真做过餐饮的人就会知道,开一家店和同时经营十家店完全不是一回事。很多现实中的餐饮老板很容易从一家店开到几家店,然后发生管控困难,只能又关店,回到一家店的规模。这其中的问题就是在于表面上还是在做餐饮业务,只是开店数量的差别,但经营一家店的本质是口味,在于菜肴的品质。经营几家店的本质是连锁经营,卖的是管理标准以及幕后强大的供应链体系。就拿麦当劳来说,台前面对客户的是标准化和流程化的经营模式,幕后则有着从农户到加工厂到店的强大的供应链体系。所以当商业本质改变后,业务也随之改变,不同的业务与之相对应的商业模式也必须做相应的变化。拿着开一家店的做法却经营十家店,显然有点风马牛不相及的意味。

十几年前当视频网站初露锋芒时,资本市场也十分看好,大举进入,催生了很多知名网站,比如,土豆网、优酷网、酷6网等。当年冒出很多网站时,这些网站的创始人们在玩转了UGC(用户原创内容,User Generated Content)、PGC(专业生产内容,Professional Generated Content)模式,赢得了大量粉丝后,为无法盈利而发愁,持续烧钱显然不可持续。后来才发现可以植入广告业务,通过广告实现流量变现。现在回顾行业发展历史当然很轻松,但当年一筹莫展苦苦靠烧钱维系视频网站的运营却是非常痛苦的事实。之所以如此是因为获取流量本身不是业务,后来被发现流量是一个眼球经济,多少人把自己生命中几分之几的光阴贡献了视频网站,而注意力恰恰是广告业务的必要条件。于是可以在这样一个"土壤"上种植出广告这个业务来。**业务是苗,土壤则是商业模式**。如果创业的项目天生是一个土壤,拉长周期后又没有发现可以植根于该土壤的苗,除非这个项目对于其他头部企业有价值,否则大概率事件是要出局的。所以今天我们会看到很多知名的、被媒体争相报道的创业企业,并没有盈利,但幕后的投资方却是BATJ(百度、阿里巴巴、腾讯和京东四大互联网公司的简称),甚至在做大后被并购。但作为大部分创业者而言,选择一个有现金流的业务是王道,尽量避免追逐所谓的市场热点和风口之类的项目,尤其是在自己并不具备核心优势的前提下。

我曾经遇到过一个创业者小姚,做移动电商的,项目有一个很形象的名字叫"所见即所得"。顾名思义,如果客户在热播剧里看到演员穿着的服装,即可点击该套服装,然后能够显示出购买链接,实现电商购物。一般影视剧里演员的服装相当一部分是不知名的品牌提供的,所以一旦将影视客户转化为电商客群,再打通与很多服装厂商,整个商业逻辑好像就建立起来了。听起来是一个很有意思的项目,追剧的往往也是具有购买欲望和购买力的中青年客群。从市场需求到商业逻辑的建立,仿佛是非常通顺的。整个项目需要解决的是热播剧的版权应用、APP的宣传获客、线下海量服装品牌商和生产商的对接等,要形成一个顺畅的交易结构也并非一日之功。这位创业者之所以会做这个项目,是因为他原先在一家投资拍摄影视剧的传媒公司工作了近十年,而且该传媒公司的老板还拥有两个公司,广告公司和服装厂,于是先试水做了"所见即所得"的尝试版。觉得这会是个未来的巨大市场,于是辞职自主创业。该项目在实际启动后,小姚发现很难做,剧的版权、APP的宣传、厂商联系等三个必要环节,每一步做起来都很难。此案例的关键点就在于此处,为何他昔日老板可做,他做起来却非常痛苦。昔日老板的传媒公司本身是拍剧的,除了自己的剧可以作为移动电商端的内容之外,也容易搞定其他剧的版权应用;自己的广告公司可以为自己的项目做推广;自己的服装厂可以生产客户想要的高仿真的演员服装,追逐时尚潮流。一切的一切是那么水到渠成。一方面,小姚昔日老板拥有的三家公司三个业务正好为做该模式的移动电商提供了配套资源,而小姚不具备;另

第六章 创业初期

一方面,三个业务作为配套资源为实现移动电商业务价值提供了一个完美的交易机构,体现的是商业模式的价值。小姚昔日老板做该项目相当于本来就拥有物流公司,是一个独立的业务,想做电商,因为电商离不开物流,而物流是不依赖于电商的,于是"逆势而上"做电商,所以实操层面相对是容易的。而小姚做,就好比想做电商,但是还得自建物流公司,建物流公司可是个重资产的业务,所以整个电商业务想要跑通非常困难。一个电商企业为了形成业务闭环去做物流业务属于商业模式范畴,而物流企业想去做电商则属于业务范畴。虽然从理论上讲,从业务角度去完善商业模式较为可行,但实操层面的难易逻辑大部分情况下则是恰好相反的。

我们有些创业者做的自以为是一个业务,恰恰可能是在做某一个业务的商业模式,就好比做视频网站是商业模式概念,植根于视频网站的广告才是业务。当然广告业务不一定依赖于视频网站这一个土壤。如果创业者一开始是在做一个商业模式,却一下子找不到相对应的可以实现现金流和利润的业务就要当心了,因为这种状况很难长时间支撑下去。

小朱是一位做关于留学信息网站的创业者,项目的模式挺好,让海外在读的中国留学生,利用闲暇时间将关于自己学习、生活等情况写成文章上传至他创立的 XD 网做分享,有分享经济的概念,让国内的准留学生通过文章可以真实了解国外院校的情况。国内的准留学生还可以提问,海外留学生则根据问题做定制文章,更为系统地介绍相关情况,然后会被给予打赏。由于这种 PGC 模式确实能帮助两端解决问题,提供了价值。海外留学生用自己的留学经历换取零花钱,国内准留学生通过 XD 网能够更为广泛深入地了解真实情况(比来自院校官方信息更加真实鲜活)。所以网站自建立一年多,流量就稳步攀升,且活跃度比较稳定。但是在为网站两端群体创造价值的同时,自身的盈利却始终是个难题,始终找不到一个可以植根于网站流量的,可持续收到钱的一项业务。原本设想流量都是准留学生,赚足了眼球,那么应该可以植入海外院校、国内留学中介、海外留学贷款等广告业务。但是流量本身虽然稳定,但是数量级不够,不足以支撑住"注意力"效应。每年全国出国人数大概在 50 万量级,会在该网站留存的流量也就是万级的,而且其他有打广告需求的公司自身都有线上线下的存在,无须在这种小网站上打广告。小朱在苦苦支撑 2 年后开始陷入痛苦的思考期,为什么挺有价值的一个项目求生存却成了问题。其实小朱**一开始做的就不是业务,而是商业模式;不是直接在种苗,而是在培育土壤**,只是他自己没有意识到。先培土后育苗的商业逻辑显然过长,对于早期创业不是一种有利的选择。培土过程是一个一手烧钱,一手还得想苗苗在哪儿的过程,这个过程会很漫长且痛苦。很多上手就做商业模式的创业者基本就会落入这种窘境中,很难自拔,项目在漫漫长路上被活活耗死。我经常会询问创业者同一个问题:"你的项目能当下就赚钱吗?"如果不能当下赚钱,想先挖空心思赚流量,然后再企图流量变现的思维对大部分人来说并不可取。因为绝大部分这种项目是熬不到流量变现的那一天的。如果操盘的是白手起家的创业者,那就更"悲剧"了。这属于创业方向性的问题,是不能犯错的。

为什么流量变现那么难?需要具备哪些条件才谈得上可能实现流量变现?我们现在的智能手机上装个镜头成了数码相机,那么为何不在数码相机上实现一个手机功能呢?是因为技术壁垒吗?今日头条和微信上,会植入有限的广告。共享单车、打的软件上,就不会植入广告。因为今日头条和微信本身是媒体,媒体的属性决定了眼球经济,在媒体上植入广告,客户是可以有限度接受的。如果不是属于原本属性范畴,强行植入其他业务,会严重影响客户观瞻和体验,本质上是扭曲了客户认知造成的。移动支付原本是支付宝一家独大,后来被微信支付迎头赶上,最终形成各占半壁江山的局面。微信客户成功转化成了移动支付客户,也是一种流量变现,为何能大获全胜?微信已经是我们日常的必需品,坐着、站着、走着甚至小跑着的时候很多人都在刷微信,从微信转入支付状态基本属于一键搞定范畴,使用起来非常方便。支付是购物的必然环节,微信支付是一个纯工具,无须任何认知,所以流量转化逻辑就很短。现在大到酒店、小到菜场买菜的任何场景;上到爷爷奶奶、下到少年儿童的任何人群都在使用微信支付,所以无论从使用者还是商家相互间产生了极大的网络效应,令后来入场的微信支付能够一路追赶,与支付宝分庭抗礼。从上面的几个真实案例,可知流量变现的神话起码涉及三个维度,只有做好做到三个维度的工作,才有可能实现流量变现,实现从商业模式到业务的成功逆袭:① 客户认知;② 使用的便利性;③ 应用范围。

天使投资人刘国炜在其《天使投资指南——从经验到实战的投融资智慧》一书中提到过,一个完美的投资目标需要三个条件要素:高增长、低估值、高确定性。投资人和创业者在高增长和高确定性这两个维度上是有共同语言的。很多创业项目面临的看不到希望的所谓流量变现很可能是一种创业的不确定性,而非风险。我曾经在一段创业者和投资人对话的视频中,看到某位创业者说:"创业者就是要在未来的不确定性中寻找确定性。"但是很多创业者往往分不清什么是不确定性、什么是风险。风险是可评估、可预测,有过往的数据和逻辑作为依据。不确定性是不可评估、不可控的。就拿传统行业和互联网行业来说,传统行业好比一座大山,你攀不攀登,大山就在那里,不会改变。互联网行业日新月异一日千里,今天错过了,明天是另一番风景。显然相较而言,前者面临的风险多一点,后者面临的不确定性多一点。所以创业者在选择创业项目时要有不确定性和风险这两个截然不同的概念,然后再做选择时才知道自己在哪根赛道上前进,可能会面临什么困难,可能需要什么资源去支撑,可能需要自己做好哪些方面的心理准备等等。因为能打败自己的往往不是外因,而是内因,只有自己才能打败自己。

我们看阿里,认为阿里的基因是商流;看腾讯,认为腾讯的基因是社交。购物是为了生存需求,偏向于物质性。社交也是生存必需的,偏向于精神性。两个都是人们不可或缺的维度。让创业者再造一个阿里或腾讯显然不可能,但选择怎样的业务是具有相对可持续性的,还是有一定规律可循的。

就拿大名鼎鼎的大众点评网和美团来做个比较。大众点评网成立于 2003 年 4 月,美团则成立于 2010 年 3 月,相比大众点评网足足晚了七年,前者项目是 O2O 领域中的老大哥了。当大众点评网深入人心,被广为应用的时候,美团还没出现。不过到了 2015 年 10 月两者合并时,从公开报道看,美团还稍占优势。我问过很多身边的用户,什么情况下会想到用大众点评网和美团网?回答几乎是一致的,当想吃、想玩的时候,会搜一下大众点评网,因为吃喝玩乐的店很多且有很多网友的点评,可以做充分的参考和选择。当想享受打折优惠,当开启省钱模式时,就会上美团。这是两个网站最初的基因决定的。从用户的角度做出两种不同使用决策的内因是有差别的,用大众点评网是偏向于内在动机,用美团则更倾向于外在动机。动机是心理学上的学术名词,在此我不想用学术性的定义来解释两种动机的差异。简而言之,内在动机是自己真心想要、真心喜欢,内驱力成分多点。外在动机是外部利益驱动更大一点。2012/2013 年那一段时间,O2O 项目盛行的时候,比如,卖水果的项目都给予补贴。于是项目初始阶段,流量上升很快,因为明显低于市场价就能买到水果,大家很愿意享受便宜带来的快感。当补贴一旦消失,客户就不再光顾了。这就是明显的利益驱动的外在动机体现,这类 O2O 项目就死得很快。后来大家都总结这类属于伪需求项目。吃水果是刚需,买水果是一种内在动机,为了便宜而买就是外在动机。**一个建立在客户内在动机基础上的项目生命力会更强,会更把关注度和仅有的资源放在如何提升产品品质上。**否则成天想着依赖融资给创业项目输血,搞补贴,海量烧钱,显然不可持续。**创业者选择一个可持续性强的项目做是非常必要的,关系到自己能走多远,建立于内在动机上的**

项目可持续性显然更胜一筹。

站在今天,回望阿里、腾讯这样的企业能够做大做强,基本点在于买东西和社交都属于人们的内在动机。当淘宝做大,但市场对其褒贬不一,认为便宜货里甚至充斥着假货时,阿里又设立了天猫平台。这个举措就是矫正淘宝带来的弊端,让大家能买得放心,一定程度上规避仅仅为了便宜而上淘宝购物的风险,对于客户还有更为保质保量的天猫平台可供选择。

品质好的产品才能有持久生命力,品质才是人们真正内心想要的。创业就是要开拓出更好更新的产品给客户,让他们为品质而买单,甚至愿意为品质而支付更高的价格,这才是创业的意义,也是创业项目的希望所在。

关键资源

一个好的商业模式是需要关键资源去支撑,从而实现商业模式的价值。关键资源是针对行业的关键点而言的,所谓好钢用在刀刃上就是这个道理。如图 6-1。

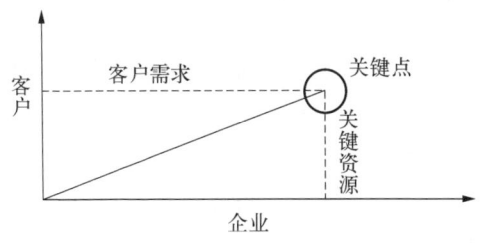

图 6-1 关键资源与客户需求的关系

行业的存在是源于满足客户需求,那么客户需求就构成了行业的关键点。不同行业必然存在不同的关键点,同一行业处在不同阶段的关键点也会不同。《战略罗盘》一书中有下列一段描述:"同一个行业不同发展阶段的战略点不同,例如,手机行业:技术(摩托罗拉时代)、品牌和规模(诺基亚时代)、成本(TCL国内品牌崛起)、生态(iPhone时代)。不同行业不同企业的战略点不同,比如,成本优势(富士康)、独特资源(戴梦得钻石矿品)、技术领先(格力空调)、品牌文化(迪士尼)、赢家通吃(微信)、产业链(中粮)、标准(高通)、客户关系(IBM、华为卖解决方案)。"

在电商时代尚未到来之前,企业客户使用打印机,由于墨盒是易耗品,经常需要被更换,更换是一个在使用过程中会发生的成本,需要客户承担,同时也是打印机品牌商的持续盈利点。于是在那个时代,打印机品牌商会竭尽全力的在各类数码城或者办公文具店中尽可能布销售网点,卖打印机和墨盒。目的就是销售渠道尽可能密度高,尽可能接近企业,当企业需要更换时,能在尽可能短的时间和尽可能短的路程半径内完成购买更换动作。如果企业的采购人员需要跑较远的路才能购置到新的墨盒,那么很可能这个品牌的打印机就不会在企业用户的采购单上出现。所以布点的密度,离企业用户物理空间上的远近程度,成为打印机行业的关键点。那么该行业中想成为头部企业的公司必然需要具备布点的资源,这种资源未必是一个单一的资源,而是企业内部各类资源集合而成,足够用于攻下更多网点布局的资源或能力。因此足够多的网点,成为一时的行业壁垒。没有足够多网点的企业想成为新玩家非常困难,因为壁垒已经把你挡在了外面。但是当电商时代到来后,便捷的物流解决了更换成本的问题,让那些原来拥有很多线下网点的公司反而负担很重,因为原有的行业壁垒突然被另一种方式轻易跨越过去,昔日的壁垒成为今日的沉没成本。新玩家反而可以借电商东风,以轻资产模式来向昔日重资产老大哥发起挑战。**所以不同阶段关键点的变化预示着行业壁垒的变化,竞争规则的变化,优劣势转化的变化,也正因为存在变化,创业企业才有无限可能**。从这个意义上来讲,企业的竞争是在于背后关键资源的竞争,拥有的关键资源的不同导致企业的玩法和发展路径的不同。很多初创企业容易把行业中已有企业看成是对手,这是一种片面的视角,是不是对手,需要去窥探同行企业是否拥有关键资源?拥有的关键资源是什么?只有在搞清楚这两个问题后,才能确定是否存在短兵相接的对手,以及自身该如何避实就虚,一切从自身实际出发去获得关键资源。当然在努力获取关键资源之前必须确认行业关键点,一旦搞错关键点,那么所有的努力将会付之东流。

关键资源涉及两点:① 获取成本;② 使用效率。前者决定是否能获得,后者决定是否能更好地带来企业价值。作为初创企业,由于资金有限所以需要格外关注上述两点。可能的突破口在于能否尝试将原来的成本转化成利润,或者至少打消掉成本。

小李是艺术类院校的在读硕士生,她的创业项目是常规性的,教孩子弹钢琴。这类项目多如牛毛,满大街都能看到教孩子乐器的店。小李第一业务的关键资源是"物美价廉"的好老师。小李自己是专业学作曲的,自小又学过小提琴和钢琴,所以她对于筛选好老师的标准拿捏度较为精准,因为好老师意味着教学品质,是吸引家长报名付费的主要理由。同时艺术类院校在读专业研究生资源是小李触手可及的,因此好老师获取的成本相对低廉且可持续。持续的老师供应是长期经营钢琴教学的必须保障。母校资深的专业老师又可以作为招生的背书和开设大师班的师资。这种高低师资组合,既能满足客户基本需求,又能产生差异化亮点。当学生学习取得阶段性成果后,是具有登台实践和展示的需求,家长也非常乐意见到自己孩子登台演出。当发现这个需求后,小李又开拓了第二业务,即钢琴演奏会。演奏者主要从培训的孩子中择优录用,再加上母校资深专业教师作为名师身份助演,能够吸引大量有兴趣让孩子学钢琴的年轻父母带着孩子一起来观摩,这些家长很可能成为下一批报班学习的客户。因此第二业务,即卖演奏会,既是一项可以独立赚钱的业务,又是一次承载营销功能的准招生会。两个业务的巧妙组合和搭配节省了大量成本,实现了初创企业的成本结构优化。第一业务中的消费者、客户变成了第二业务中的生产者、员工。企业招聘、使用员工都是需要付出成本的,而这么一转化非常自然地节约了第二业务中的员工成本,之所以能实现自然转化,也是源于客户需求,满足登台展示的需求,所以小李作为创业者是在发现并继续满足家长和孩子需求的前提下,实现资源重复利用的华丽转身、皆大欢喜的局面。第二业务本身成为第一业务的营销招生环节,为第一业务又省下了不少获客成本,而且这种获客手段竟然还是在发生盈利的情况下,这对于初创企业实在妙不可言。从这个案例中,我们可以看到,如果把两个业务比作两颗珍珠,那么客户需求就是串起珍珠的线,发现客户需求在任何时候都是创业者必须具备的能力,谁能发现需求,谁就有可能获得机会。两个业务间的资源转化,极大降低了资源获取成本,又极大提升了资源的使用效率,一进一出所产生的价值之大对本来在资金方面就捉襟见肘的初创企业来说是不言而喻的。

大部分创业者都是白手起家的,所以更需要多花心思去研究和挖掘客户需求,去设法以低成本的方式去获取资源,去力求以"一鸭多吃"式的思维去提高资源利用效率,实现获取的边际成本递减效应和利用的边际收益递增效应。

关于创新

初创企业如果没有创新意识和创新成果,几乎是没有希望的。创新也是分层级的,可以是微创新,也可以是改变商业本质的,无论何种维度的创新,一切取决于创业者的视野、执行能力和资源配套。任何的创新不是无厘头的异想天开,需符合客户需求和行业规律。**我们说商业模式的创新是兼具科学性和艺术性的,科学性更多体现的是客观规律,是一种物理性的呈现;艺术性是基于创业者对满足客**

户需求的理解差异,而实施的商业逻辑的改变,是一种行为性的表达。很多创业者,乃至于一些已经小有成就的企业家都曾告诉我"创新是非常困难的"。我非常能理解这种"难"以及延伸的含义。不过哪个创业者不是一边面临着难,一边坚持苦苦摸索,力求通过创新去杀出一条血路呢。创新的路径会有不同,创新的本质也会不同。

我曾读到过三个非常有趣的小案例,看起来都是微创新,但却能"意外"地改变销售量。

案例一:在国外有一家提供早餐的连锁小店,除了固体食物,比如汉堡外,还会搭售酸奶,一开始酸奶是需要用两个手配合撕开封口,插入吸管才能喝。按理,酸奶搭固体食物是早餐标配。但是一开始酸奶销量不高,老板开始反思。后来改变了酸奶的包装,只需一个手指就能撬开封口,然后即可能饮用,销量便节节攀升。究其原因,很多购买早餐的都是驾车而来的,饮用酸奶还需要两个手帮忙,就无法驾车。所以单手启封的改进措施,方便了饮用,一下子就提升了销量。

案例二:国外有一个剧场,生意一直不好,新上任的总经理便在硬件和服务两个方面下功夫。拨资金对剧场内外做了新的装修和装饰。为了吸引更多观众到剧场观演,在演出剧目和演员方面也是煞费苦心,花了大价钱邀请来有名的演员和经典剧目来演出。但是一番折腾后,总体情况还是观众寥寥。总经理再派人去细致观察和了解观众不来剧场观演的原因,发现当扩大剧目数量后,是能刺激产生观众增量的,但都是驾车来的,停车是个大问题。剧场原有的停车场车位不够用,如果观众将车停在剧场较远的地方,来回步行极不方便。于是总经理与剧场附近的一个停车场达成了合作协议,包下了该停车场,后来观众人数果然增加了,剧场的生意越来越好,摆脱了原来萧条的景象。

案例三:在国内的火车站广场附近都会有很多推着小车的流动小卖部,流量集中且庞大。有一个小老板是卖吃的,生意一直不温不火。他发现这种区域的流量都是行色匆匆,往往为了赶上火车拖着行李,急急忙忙地在人海中穿梭。这个小老板揣摩着乘客的心态,买了一个大的挂钟,挂在小货车的显眼处,为旅客赶车和驻足购物提供了时间标识,让他们能够一目了然地知道离自己上车的时间还有多久。在解决了关于时间的后顾之忧,光顾购买他食品的旅客果然多了起来,生意就此直线攀升。

这三个案例中的微创新与提供给客户的产品或服务本身的关联度好像并不大,都是在解决了一些消费环节中原先不被关注到的小问题而促进了生意。**这些小问题属于附着在消费产品或服务环节上的,使消费的便捷度得以提升,降低了消费成本,提升了消费体验,自然客户就多了。**

我们的创业者很多都是做单品销售的,当面对销量停滞一筹莫展时,不妨从外围因素去思考,有什么地方值得去改进,去消除客户的消费顾虑,去降低客户的消费成本,或许就能取得不一样的效果。

产品创新有时源于创意设计、有时源于理念、有时源于技术,总之不同创业者根据自身情况去挖掘优势,根据优势去创新,才能事半功倍,也才能顺势而上的找出突破口。

小孙的创业项目叫阻脂计划,顾名思义是做低脂饼干,作为健身人士和减肥人士的代餐食品。一袋28克的代餐饼干,不含脂肪,含有增加饱腹感的食材和7克膳食纤维,相当于三个200克苹果所含的纤维,非常有利于促进肠胃消化。饼干最初设计成有三种口味:普罗旺斯风味、蜀香炒肉风味、海盐芝士风味,通过线上社群进行销售,以适应不同口味偏好的客户。由于普通饼干的主要原料是面粉,通过惯常的发酵技术容易粘合成饼干雏形,再烘焙出来成型的饼干是成熟的技术。为了增加纤维含量并尽可能实现无脂化,小孙从创业伊始,非常重视品质,采用优质的燕麦粉为主料,但不同于传统面粉的是,燕麦粉用传统技术较难实现黏合效果,一般发酵后还是松松软软的一坨东西,没法烘焙成饼干。于是整个创业团队钻研发酵技术,以技术立足市场的理念深入团队人心。经过小孙团队的共同努力,研发出了新的发酵技术,可应用于以燕麦粉为主料的饼干制作和烘焙。而且这种主料加上技术形成的口感能够产生新的变化。于是小孙形成了一个新的理念"零食对标",可以把口味做出薯片味。让原来爱吃薯片的客户也能逐渐接受阻脂饼干,使自己的产品实现对原有薯片零食的替代。**依赖并发端于技术创新,再到产品创新,小孙团队研发出新薯片味阻脂饼干的创新之路值得创业者学习和借鉴。**小孙告诉我:"作为大学生创业者,要立足必须有创新,要创新实际也是非常困难的。我们都是学技术出身,所以唯有依赖技术才有一线生机走出一条属于我们自己的路。而且薯片市场是既定市场且非常大,所以我们会形成替代品理念也是基于成本的考量。**作为创业团队是几乎不可能承担起教育市场的成本,只有学会站在已有市场的角度看问题,进入已有市场,争取原有客户,走创新替代之路,要比单纯开发一个全新市场更具有实操性。**"

创业老兵老郑的创新内涵则更为丰富。简而言之,老郑是卖假发片的。听起来是不是令人感到有些意外?我们通常看到或听到的是卖假发套,针对的是脱发人士居多。老郑的项目源于一次美发博览会。老郑原来并非该行业的,只是被朋友拖着一起参加了一次美发博览会。通过这次活动,老郑发现中国很多假发套厂商的日子很难过,这个行业准入门槛不高,产品技术含量有限,没什么行业壁垒。大家都是价格战,内贸市场也好,外贸市场也罢,无不是如此。而且随着市场的饱和,各厂商已经被价格战拖累地逐步陷入亏损境地。老郑从中发现了商机,树立了一种全新的思路。他认为如果只针对脱发人士卖假发套既然已经市场饱和、穷途末路,那么在客群方面必须蹚出一条新路来。现在很多人都喜欢染发,虽然是为了美,但是很伤头发,是一种以付出健康为代价的美丽需求。如果通过优化造型设计来卖假发片,同样能够满足对美的需求,岂不又是一条创新之路。同时市场更大,那么多假发套厂商的产能过剩问题也可以得以解决了。现在美发店销售方式也较为传统,各店提供的服务也比较雷同,竞争方式较为单一。如果通过美发店,给客户做造型设计时,顺势推销假发片,把假发片当成美发的耗材卖,是不是也可成为一个新思路?经过老郑对假发套厂商和美发店两类B端的深度访谈考察,发现了两个行业存在的痛点,同时也开发出客户的新需求,于是重构了两个行业的融合。如下对比图6-2。

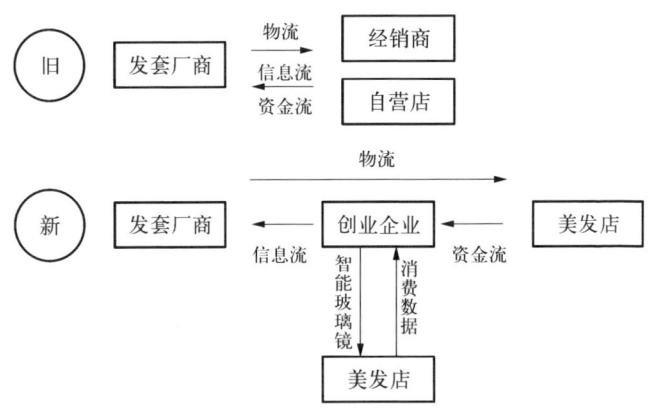

图6-2 发套厂商重构新旧对比图

从新旧对比图,我们可以看到,重构后的结构图中,主要的业务流和资金流的走向都发生了变化,这是创新的一种现象表达。从这种表达中,由于多了老张的创业企业的存在,打通了发套厂商和美发店的业务关系,自身的价值也通过这个结构发挥得淋漓尽致。发套厂商原先脱离市场需求的产能过剩,可以凭借源源不断的信息流,优化产品设计和生产,与之前的模式完全不同。而对于美发店则多了一种服务,多了一种吸引客户的抓手。老郑的项目成为两端企业的黏合剂,对两端都产生价值。

连接两个行业的则是老郑花大力气研发的一个名为 MIU-ITS 的妙镜多媒体智能美发系统。

第六章 创业初期

就这么一个镜子成为商业模式创新的载体。这个镜子可不是普通美发店内的镜子,是一面智能镜子,所以被老郑亲昵地称为妙镜。到底妙在何处？当客户面对妙镜时,妙镜有"照相"功能,会根据客户的脸型、头型自动生成推荐发型以及相匹配的假发片。美发师会根据妙镜推荐、自己的经验与客户偏好相结合,最终形成美发方案。整个过程非常自然,几乎没有带给客户被强行推销的感觉。当镜子里出现某种你从未见过的新发型,且挺适合自己的脸型、头型等,这种感觉就像变魔术一样,原来自己还可以如此的"百变造型"。妙镜是一个系统,最初系统里的美发方案是事先输入的。随着实际客户的增多,系统会不断采集客户的脸型、头型等信息,不断丰富方案库。也就是说在妙镜前经过的客户越多,采用这套系统的店家所拥有的美发方案也越多。从某个方面讲,会不断降低服务对美发师的依赖,也可以说给美发师更多的助力作用,这是店家老板所乐见其成的。在服务好客户的同时,妙镜系统还静悄悄地帮助店家老板实施了管理职能,通过技术降低人工因素。所以妙镜对客户、对美发师、对店家老板都是有利的。从这个角度讲,妙镜的客户有三种。老郑把原来就存在的线下美发店作为流量入口,通过卖服务非常自然地带动假发片销售。并且通过妙镜推荐的造型是可以通过假发片的替换来实现的,意味着假发片一套一套出售。如果客户想换一种造型,那么需要到店家,让美发师再设计,同时就有可能需要购买另一套或另一种类型的假发片。假发片成了造型的必要素材。就这样,老郑以这种非常轻的模式,以一个以技术实现的妙镜挑起了发套厂商和线下美发店,两端会产生网络效用。不同美发店看到了这种扩充业务的机会,又能够帮助老板实现一定管理职能,都愿意纷纷加入,这样就会产生规模效应。两个效应的叠加,让老郑更为左右逢源,让这个交易机构里的相关利益者产生和谐的互相合作、互相依赖的情形。

老郑的项目可谓是一个商业模式创新的经典案例。**商业本质从遮丑转变到了唯美,从卖产品转变到了卖服务,商业逻辑从单纯店家**

销售转变成通过美发店的服务售出假发片,完全采用了新逻辑、新渠道、新资源,形成了新的交易结构。由于老郑自己不开实体店,所以几乎没有沉没成本,要做的是将妙镜智能镜台系统卖给已有的美发店。通过这个智能镜台,实现造型智能推荐、虚拟换发体验、造型前后对比,甚至门店数据管理等,极大地为店家赋能,真正做到了帮助提升管理效率、提升客户体验、提升店家营收和利润。所以老郑项目的可复制性很强,理论上讲所有美发店都是他的第一客户,以轻资产方式便可实现业务拓展。

很多初创企业的创新多半是在行业结构未发生大的变化为前提,一旦行业出现结构性变化,则是大机遇的来临。当然对于创业者而言,也需警钟长鸣,注意审视自己所处的行业是否产生结构性变化,行业存在的前提假设是否依然稳固。一旦前提假设发生变化,很可能整个行业会出现重构,跟不上时代节奏的既得利益者将被无情淘汰,但愿尚处在幼儿期的初创企业能搭上时代快车,而非被结构性变化给甩丢。

以传统零售业的大卖场为例,已经是地动山摇的局面。以图6-3为例。

	状态显示	成立时间	入华时间	总部所在地	退出时间
亚马逊	已退出:关停第三方卖家业务	1995年	2004年	美国	2019年7月
家乐福	已退出:苏宁易购出资48亿元收购家乐福中国80%股份	1959年	1995年	法国	2019年7月
易买得	已退出:卜蜂莲花对易买得进行100%股权收购	1930年	1997年	韩国	2017年9月
欧尚	已退出:欧尚中国77家门店由大润发接管	1961年	1997年	法国	2018年12月

续　表

	状态显示	成立时间	入华时间	总部所在地	退出时间
迪亚天天	已退出：出售迪亚中国100%股权给苏宁	1979年	2003年	西班牙	2018年3月
乐购	已退出：将131家门店交由华润万家，与华润成立合资公司，华润持有合资公司80%股份	1919年	2005年	英国	2014年5月
乐天玛特	已退出：93家门店由利群股份、物美集团接手，余下未能出售的12家店铺关闭	1998年	2007年	韩国	2018年10月
玛莎百货	已退出：关闭线下门店和天猫旗舰店	1884年	2008年	英国	2018年1月
梅西百货	已退出：关闭官网和天猫旗舰店，线下门店已于2015年关闭	1858年	2012年	美国	2018年12月
高岛屋	已退出：关闭在上海的门店	1831年	2012年	日本	2019年8月
麦德龙	消息称竞购已进入最后一轮	1964年	1995年	德国	未退出
沃尔玛	业绩下滑，门店优化中	1962年	1996年	美国	未退出
	表格由钛媒体根据公开信息整理绘制				

图 6-3　国际传统零售大亨在中国的退出

多年以前大卖场进入时，我们都被这种庞然大物所吸引。超大的购物空间、海量的各类商品呈现，电子化的结算方式等等，都带给客户一种耳目一新的购物体验。即便不为目的性购物，逛逛大卖场也是一种娱乐休闲方式。而如今随着电子商务的大行其道，很多大卖场没能搭上求新求变的历史快车,纷纷在中国大陆地区铩羽而归。究其原因,大卖场是一种西方零售业模式的舶来品,比较适合西方的生活方式和消费特点。西方人的购物习惯与我们存在差异。西方人大都住的是别墅,每家每户都有储藏室,一般每周甚至更久购物一次,所以一般都是驱车前往。大卖场也大多开设在市中心周边地区,降低了物业成本。大卖场在西方存在的前提假设:① 物理空间上地广人稀,服务于一定的区域半径;② 购物习惯是阶段性的。这个舶来品来到中国后,还出现了一个当时的前提假设:商品丰富程度较低。但随着我们国内经济的蓬勃发展,物质产品的极大丰富,进入21世纪后领先于世界的电商异军突起,大卖场存在的前提假设出现了动摇。当外资和港台的大卖场品牌纷纷进入,大卖场渐渐多了,改变了地广人稀的情况,快赶上超市的密度了。当物质产品丰富后,大卖场内琳琅满目的吸引力也下降了。电商时代的到来,取而代之的是对购物的便捷性需求,电商+快递模式更符合这一需求(含运营体系、供应链管理、数据驱动的管理、快速的物流等)。试想无论在家里还是在办公室,随时随地随心,你只需借用手指点击智能手机屏,便可以浏览海量商品,海淘也不例外地被囊括其中。吃喝玩乐叫外卖等等,只要你能想到的,都可以掌上搞定。这种场景下,为何大家还要费时费心费力地去大卖场。大卖场的优势渐行渐远,既赶不上电商的脚步,又斗不过电商的犀利,所以最终变成了大溃败。

从20世纪90年代开始至今20多年的光景,一个行业出现了结构性变化,这是一种必然。正因为有人看到了这种必然,赶上了这种必然,才成为颠覆者。既得利益者由于没能看透、看懂、赶上这一必然,沦为了失败者。从创业的角度,要去寻找、审视所处行业的可能出现、何时出现的必然性。因为任何业务都是植根于行业的前提假设,如果行业变了,业务模式一定会变,随之带来的商业模式和关键点也都将天翻地覆。

整个创业的逻辑关系,如图6-4。

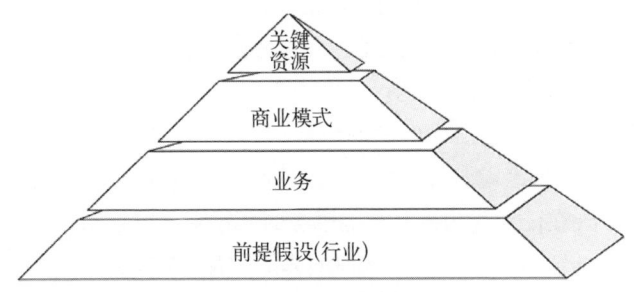

图6-4 创业的逻辑关系

创业者必须先审视行业的前提假设,搞清楚行业本质,然后再建立一项业务,并尽快找到实现业务价值的商业模式,最终找到支撑商业模式运行的关键资源,这种关键资源也通常是企业所必需积累和建立的核心优势。创立企业的过程必将是建立核心优势的过程。创新逃不出这个逻辑框架,创新必然建立在核心优势上,核心优势必然是创新的坚强依靠。

与创业者的对话

早期创业者的人物性格、行业选择、创业打法等千人千面、大相径庭,对创业的认知也会存在极大差异。不过基于创业总有一些有迹可循的必然规律,于是我曾向不同创业者提过几个通识性的问题,想从创业者那里寻找他们内心的认知轨迹。

我寻找了一位尚在读研期间的创业者小劳,他是做大学生轰趴业务的,从上海松江大学城起家,在松江地区占据了大部分的市场份额,正踌躇满志计划往上海周边城市拓展业务,是一位踏实、爱琢磨的创业者。

问题一：怎么理解创业路上由点及面的关系？

作为一个创业者，首先要理清楚在创业路上的点、线、面的关系。

当今社会，商业竞争压力巨大，作为创业者，要尽可能抓住一个点去创业。所谓垂直领域创业，将一个点能做到极致的时候再去考虑做线，当线能做到面面俱到的时候再去做面。从目前的商业巨头小米来看，一开始从小米手机这个点开始着手，然后涉足电器商城这条线路。现在已经成为未来智能生态的领军者。就连雷军这位商业大亨都能循规蹈矩地遵循点线面的先后顺序，脚踏实地，稳步前行。作为一个稚嫩的创业者那就更记铭记这创业三步曲。切勿好高骛远，急于求成。

就拿我们凝馨轰趴来说，高校团建轰趴只是我们积累用户和分析用户的第一步，我们的目的是进军未来的文娱行业。最后打造文娱生态。

问题二：什么是商业闭环？

我所理解的商业闭环，官方解释："商业闭环主要指在商业体系中营造循环圈，各个环节都可以相互依靠，既可以作为个体支撑点，也可以协同合作。"

就拿微信作为案例，微信一开始只有简单的聊天功能，定位是一个通信工具。后来通过不断地增加新的功能形成了一个社交平台。现在，微信已经形成了一个具备金融属性、通信属性、社交属性、文娱属性等多重属性的综合体，完美的形成了互联网的商业闭环。

回到我自己的创业项目，凝馨品牌从2012年至今有七年多历史，我们一直在寻找属于我们的商业闭环，我们企业定位叫作快乐的制造商、文娱的缔造者。凝馨轰趴是快乐的制造商，然而我们需要形成商业闭环，必须向文化产业领域思考。于是2017年我有成立了口吕品教育科技（上海）有限责任公司。新公司主要进行外语陪练服务，与轰趴结合起来，将轰趴再细分定位为语言环境的制造商，回归语言本质、制造语言环境，与凝馨轰趴相辅相成，充分利用凝馨的闲置档期和多年来积累下来的会员基础以及高校资源,充分解决场地和外教成本高昂的两大痛点。最终形成两个行业的商业闭环,这也是我第一次尝试跨界合作。

问题三:创业者能力边界与事业边界的内在关系?

先分别谈一下我对创业者的能力边界和事业边界的理解。

首先,创业者的能力边界。我认为创业者的能力包括:

1. 创业素质,包括抗压能力、耐力能力、市场能力、社交能力、创新能力、逻辑能力、管理能力等等。

2. 学历高低。当今社会,读书无用,清大北大不如胆子大的时代已经一去不复返。回忆2018年我们在朋友圈看到的一张图片,京东上市后刘强东宴请商业大亨。仔细研究一下这些大亨,他们都是985和211高校毕业的高才生。现在是高科技的21世纪,社会制度在不断完善,不可能还会存在投机倒把的漏网之鱼。

回到我自己,之所以2015年选择休学创业,因为我深知学历的重要性。2018年复学顺利拿到学士学位,再次踏上求学之路,顺利考上母校的硕士研究生。

3. 社交圈。当今社会的创业者,要学会顺势而为,借力打力,要提升自己的社交圈。

当然打铁还需要自身硬,先提升自己,再努力借力打力。不说能提高我们成功的速度,至少会让我们少走很多弯路。

关于事业边界,我个人理解是一个项目的可持续发展的能力。我觉得和创业者本身的眼界、格局和耐力有关系。

我觉得创业者的能力边界和事业边界是相辅相成的,成正比关系。作为一个创业者要努力磨炼自己的意志力,只要确定方向没有错,努力养成坚持不懈直到成功的恒心。不要好高骛远,急于求成。

未来市场需求会一直变化,需要不断地及时调整产品结构和顺势而为,一直让客户与我产生价值,发生关系,我把它称为控制力。控制力边界可以理解为不断顺应市场进行的调整与改变所发生的成本边界。能力边界和事业边界如果不匹配,没了控制力,自己还没意识到,那就等着翻车了,方向再对也没用。

以上就是我与小劳同学之间的问答,句句实话实说、发自肺腑。就一个尚在硕士在读的学生创业者来说,他对创业的观瞻和想法是比较成熟、理智的。小劳是一个非常务实的创业者,他的公司做了两个业务,他心里很清楚两个业务之间的互补关系和可能产生的协同效应,找到恰当的结合点,而非各自为政,导致无暇顾及的窘境。巧妙地将第一业务的客户资源和场地资源加以利用,发挥更大的效用,同时又很好地降低了第二业务的相关成本,可谓是一鸭两吃,尽可能将资源效用最大化。小劳的案例很好地诠释了以下列表中关于初创期第一维度的含义,扎扎实实地确立了轰趴业务。同时又在做迈向第二维度的尝试,做一个外教口语的业务,逐步建立壁垒,来维护整个公司的稳健性。两个业务不但都有独立流水,且有较为稳定、可预期的利润,不存在纯粹的混业经营的问题。可谓,可合可分(表6-4)。

表6-4 企业在三种阶段的分析对比

阶　段	战略观	要　　务	能力	关键点
初创企业	今天—今天	确定一项业务	盈利	现金流
成长企业	今天—明天	再次确定业务板块	核心竞争力	护城河
成熟企业	明天—今天	以未来布局今朝	行业引领	未来黑科技

本章第一部分我曾引用了一位创业者的感叹,相较于小劳,可见小劳已经度过创业初期的迷惘期。小劳很清楚轰趴作为一个相对较新的业态,目前来说行业壁垒并不高,全国范围已有几家做同样业务的公司拿到了融资,在不同区域加紧扩张。小劳则安心先深耕上海松江大学城区域,服务好区域大学生客户。通过对不同学校、不同学生客户的数据积累,形成对客户数据独有的分析比对,逐渐变成可复

制的经营模式和执行手册,为稳步在其他地区扩张打下坚实基础。在松江地区,小劳是通过较为低廉的长租模式,将轰趴的场租费压得很低,在成本结构上具有较大的隐性行业优势。故在同一地区,其他竞争者要想与之拉锯战,可行性很低,会被固定成本所制约。显然小劳不止步于已有壁垒,更小心翼翼建立第二业务,用组合拳加强自身核心能力建设,从深度和广度几个不同维度来努力打造竞争优势,防止竞争者入侵。

从我与他的一问一答中能让人感受到,他多年的创业实战经验教会了他如何思考现实问题,教会了他如何处理好年少轻狂和意气风发的关系;教会了他一切从自身实际出发,既要目光远大,又要心思细腻。至于创业者读者读了上述的对话,或许有认同,或许有不同观点和感悟,就让仁者见仁智者见智的现象存在着,因为创业本来就无标准答案,创业者们的认知也不应有标准答案,百花齐放才是创业和创业者们的真实写照。

总 结

创业初期需要认知和完成的任务如图6-5,这张图高度概括了任务及背后的本质。初期的关键任务是尽快摸清业务方向,实现战略路径的确立。战略不能错,错了就是方向性错误,导致项目失败的概率就非常大。战术层面需要快速试错、快速迭代。业务是骨架,现金流是血。不能产生或不能在可预见未来产生现金流的项目都必须谨慎对待,以免陷入弹尽粮绝的境地。无论什么行业,客户最终是为能为其创造的可持续价值而买单的,所以创业企业必须为可持续价值的提供深思熟虑。弱小的创业企业想要在夹缝中求生存,根据自身实际情况,立足于不断探索创新发展是永恒不变的主旋律,也是作为锻造未来企业家精神的最好的历练期。

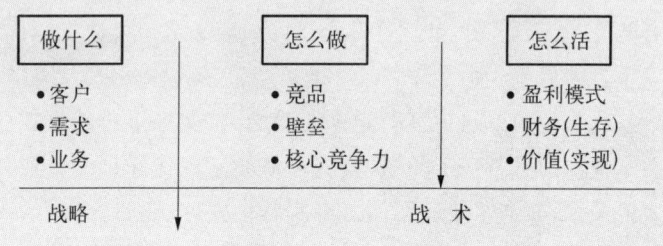

图6-5 创业初期需要认知和完成的任务

第七章
创业者语录

　　你不可能充满预见地将生命的点滴串联起来,只有在你回头看的时候,你才会发现这些点点滴滴之间的联系。所以,你要坚信,你现在所经历的,将在你未来的生命中串联起来。你不得不相信某些东西,你的直觉、命运、生活、因缘际会……正是这种信仰让我没有失去希望,它使我的人生变得与众不同。

——史蒂夫·乔布斯

我一直渴望倾听到创业者的心声，了解他们的内心思想，多年来有意关注并集合了创业者的只言片语，形成创业者语录。每一句话都是创业者的实话实说和肺腑之言；每一句话都是没有任何雕琢，原汁原味原版呈现；每一句话都代表着创业者对于人生的理解和创业未来的期待。希望其他的创业者阅读到同道中人的语录后，能产生共鸣、能激发斗志、能携手共进。一句话，一份感悟、一份执着、一份坚守。

语录如下：

我来过，我努力过，我奋斗过，我没有虚度青春年华。

每一天都有新突破，享受过程，经历很重要，创业是最好的历练。

创业九死一生，九死的也同样值得尊敬，因为他们都为了自己心中的梦而追逐，而付出，是英雄。

我对生活要求很简单，只想带好团队，给我的员工一条荣耀的出路。

泪是酸的，血是红的，奋斗来的生命是美丽的。

在商业开发洼地里有很多真正的匠人，如果商业追求社会意义的话，应该给那些潜心追求品质的匠人以价值回馈。

第七章 创业者语录

花有重开日,人无再少年,无论后面的仗是颠沛流离,还是一帆风顺,最终都由大江走向大海。

企业是顾客的。

学习为什么没动力,读书为什么没动力,因为你不去跟别人说啊,把学到的读到的到处去跟人说,就变成自己的内容,就会有愉悦感。

未雨绸缪,不是谁都有这种能力,我唯一能做的是去相信,相信这个世界有很多可能,今天这个时代,没有什么是一定确定的,所有的经验和教条都可能被打破,相信者的幸福。

什么是管理?就是管理成本、成本管理。

高速发展、以赛代练、实战对抗、优胜劣汰。

远看形势喜人,近看苦不堪言。

想要企业长远发展,是需要在不同时段的"当下"以战略性眼光去看待和早做实操层面的执行动作。让"未来"逐渐清晰起来,并不断快速试错,找对方向和切入点,不断小突破保持和扩大领先优势。你现在的样子就是你应该的样子,你要努力变成你想要的样子!

一个优秀的创业 CEO,首先是一个协调高手。你必须协调好团队核心、客户、投资方、供应商等多角色的诉求。最后委屈的只能是自己,但这种历练才能让你成长,修炼性子,与众不同,绽放与内外兼修。

创业对我唯一的好处在于更好地认知到价值和人在社会中的价值。

爱有很多种,对家对爱人真诚的爱;还有对朋友,对兄弟,对团队,对国家对社会的爱。

对于我而言,表达爱不在于礼不在于恩;在乎与行。

不论这种行是否解决了问题,不在于行是否能被接受,这些是能力和阅历的问题。

我在乎的是,我那些兄弟们,那些我爱的人能不能因为我的行为得到一点点的支持。

一个好汉要有三个帮,

有一份爱是一起扛枪战大江!

创业者的爱是指向未来,加油!

当你试图让自己的生活维持一种平衡状态的时候,往往同时选择了放弃梦想。所有的平衡,都只是在过一种"差不多"的生活。

创业之初靠的是激情,只有激情没有理智,最终会为冲动埋单。

社会竞争,是一种超复杂的长期系统性动员,寒窗苦读,只是成功的因素之一。钱多、智商高、读书强、父母好、长得美,都是其中一个变量而已。命运是多个变量互动的结果。有些变量天生就比别人差很多,你只能在自己掌控的变量中尽可能地努力罢了。

那些能做到有成绩的人,其实并没有多少人是因为钱而干,很多是源于精神需求。

这么晚了,飞机还是延误了,一次次的延误就和创业一样,即使你知道方向清楚目标,但每一刻都可能与你的想象相悖。于是你调动自己所有的情绪、体力、心智、财力……意外、无奈、精彩、不定,一切你都得接着。这个过程你感受得到自己的生命力,自己的全力以赴,一辈子总要为了自己那所谓的理想拼一把。

我是要证明给自己两件事:
1. 能否想到一个合理的目标并将其分解;
2. 能否带队执行得以实现目标。

创业从某种程度上来说,是和人性的对抗。如果意志薄弱,创业者也不过是一个有了钱的"小孩",谈何实现梦想,拥有比他人更惊艳的人生?在众生喧嚣中,年轻的创业者要懂得沉淀自己,知有静才有动,做那颗永远挂在天上的启明星,而不是一闪而过的流星。不要因为走得太远而忘记当初为什么出发。

面对确定,坚持你的立场;面对不确定,给一些纠结和尝试的机会,结果会不一样。

朱家角古镇有很多创业的夫妻的,也许没有那么惊涛骇浪或要干什么大事的,但从对生活的态度及做的事情还有很有见解的。毕竟他们要把一颗匠心的事情做的商业化也不是他们本来的初衷。

人原本生活得很好,原本可以不冒险,但因为选择了梦想,而遭受到困苦和失败。虽然中国人讲究成王败寇,但为了梦想和理想而拼搏,即使没有成功,也值得所有人尊重。因为这个世界就是靠有梦想的人去推动的。

你成功的时候,别急着总结经验,别把功劳全归自己,因为成功的原因可能不是因为你；你失败的时候，别灰心别放弃，要深刻总结失败的教训，把经历变成财富……这些可能就是自省。超越自己才能进步，超越自己很难，自省的人才能超越自己。

所谓喜欢是看上别人的优点；
而爱则是能忍受别人的缺点。
所谓信任是依赖别人的长处；
而信仰则是依靠坚定去改变。
下辈子坚决不创业，那就让这辈子分秒必争战个痛快！
时代，属于不安分的斗士！

平庸的人只有一条命，叫性命；优秀的人会有两条命，即性命和生命；卓越的人则有三条命，性命、生命和使命。他们分别代表着生存、生活、责任。

生存不一定需要依靠将就，可以尝试信念。

一路风波十余年，创业路漫漫；
理想照进现实，坚信谁能懂？
成功，耐得住寂寞；寂寞谁并肩？
创业路上，我穷得只剩下一帮兄弟姐妹！
有你们真好！
路遥知马力，日久见人心！
和你们，不需要说话；
有你们，大业必成！

创业对于我，就像是草原对于狼一样，是最终的归宿和向往。

拿出不断迎难而上的勇气，惜时如金。生活中记得审视自己的皮囊，工作中是没有男女，只有事实。

我一直对我的学弟学妹讲的话是，不是每一个人都适合创业，但是创业这件事适合每一个人尝试去做。

像我们这样一开始就走多元化路线的创业公司，前期的业务体系建设流程亦是如此。先清晰定位，不断试错，再多点突破，以点连线，直到构建合理的业务体系且内部实现持续供血后，再依托体系内创新性平台型产品，推动公司从基础服务商到平台运营商的转型，继而开始探索市场裂变及精细化运作之路。不得不说，走多元化创业路线，无疑是一种大胆的冒险，是在用战略思维来挑战理性思维，一不小心，盲人过河，出现偏差，或者一旦内部失去平衡，供血不足，现金断裂，等等，会有更多的原因让我们直接死掉。但是，单一领域创业，也不是一条好走的路，因为比你有钱、比你有资源、比你有能力有技术的人都在做你所能想到的任何一个垂直领域，即使是全新的领域，你也基本上很难干得过他们，因为你是直接和他们产生了竞争关系，即使说竞争不是打败别人，而是提升自己，作为初创草根选手，你一个疯子你干不过一群疯子的。创业最好的模式终究要遵循"利他"原则，只有再模式上下功夫，才能在内容和产品上占优势。淘宝早已经不是让天下没有难做的生意了，但是他让天下的生意都能和他搭上关系了。

作为一个团队领头狼，给自己太大压力反而很容易把未来的趋势走向给磨灭掉。一个人走走跑跑几万米，这两天写论文脑子里都没货了，静下来放松娱乐沉淀一下，反而迸发了许多灵感。

什么是运气，什么是实力，任何时候都得搞清楚。

虽然终日面对的是炼狱般的生活和工作,但心中还得有天堂。

"创业是人生的一种历练,人生所有的光环都会在这里得到淬炼,真金依然会发光,虚名则会灰飞烟灭"——真正能感悟到这句话的人,一定历经沧桑。

本章用美团创始人王兴经常说的一句话作为结尾:既往不念、纵情向前。

后　　记

创业该有的逻辑，然而仅仅是创业的逻辑，仅仅是商业的逻辑吗？

很多创业者将上市作为创业成功的标志之一，这本也无可厚非。上市能套现很多，经济意义上是需要未来很多年积累的财富在当下的贴现。同理，创业是未来很多年需要积累的人生阅历在短短几年中通过消化后的精神表现。年轻的心能消受得起吗？创业的意义并非一定是培养出成千上万的创业家，那不是唯一的意义。而是在于让一颗颗年轻的心在即将开始真正意义的起航时，面对未来时能报以尝试的心态去体验、感悟可能经历和面对的未来，无须带有任何的功利性目的。这样才会在没有心理负担的情况下，更好地去学习和感悟人生。而创业只是人生的一部分，面对不同的人，意义和价值亦不同。

创新创业，从某种意义上讲就是需要打破旧有规制，创造新的理念、新的市场、新的技术、新的方法等等。创一番事业、创一番伟业的路径却是有必然路径和规律的。每一位创业者都是领军人物，带着一帮可信赖的兄弟姐妹一路前行，对尽快尽早驶向胜利的彼岸充满着一种不可遏止的渴望感。

在本书最后，我想把一段创业企业家冯仑的话赠予创业者们，深

深祝福大家:

"我以为,历史的逻辑事实上是领袖不创造财富。财富创造的过程是由良好的制度安排决定的,领袖如果不能对这种制度安排施加影响或者起决定性作用,那就只能是一个财富的消费者和破坏者,无论这个领袖个人如何信誓旦旦,甚至抛头颅洒热血,其结局绝逃不出这一历史的逻辑。"

鸣　　谢

本书的出版得到了业内好友的鼎力支持和帮助,共同出资资助此书的出版,三位好友如下:

长三角创业汇科技孵化器有限公司总经理　吕东远;

和君集团和君咨询合伙人　陈秋国;

上海市锦天城律师事务所合伙人　许星杰律师。

他们都是创业服务界的资深人士,在各自事业上都取得了耀眼的成就,在此我也衷心祝愿他们事业更上一层楼!他们的不断前进,是在为创业服务事业添砖加瓦,也是创业者们的福音。

刘康成

2019 年 10 月